JN233212

現代企業経営の
ダイナミズム

現代企業経営研究会 編
編集代表　川上　義明

税務経理協会

まえがき

　わが国経済は，長期的・構造的問題と一時的問題がまるで2本の綱（ストランド）をより合わせたような状態で21世紀初頭を迎えている。1980年代末から90年代初めにかけて起きた東西冷戦構造の崩壊と情報技術（IT）や交通の格段の発達によってさまざまな分野で，グローバル化が進んでいる。企業・経営の分野においてもその例外ではない。

　関税や法律，政府による規制といった制度的制約がいまだないわけではないが，企業間競争は国際的にも国内的にも激化し，今まさに大競争時代（メガコンペティション・エージ）にあるといってよいだろう。

　グローバル化と相まって，1990年代央に始まったデフレーションがいっそう進み，わが国は，今デフレ・スパイラル下にあるとみられる。また，逆にデフレ・スパイラルによって，製品価格の引き下げやコストダウンを図るべく，企業の生産拠点の海外シフトが進み，輸出も減少し，貿易黒字の減少，国内産業の空洞化が深刻な問題となっている。失業率の上昇に伴いワークシェアリングも論議されるようになっている。賃金カットを余儀なくされている企業も少なくない。

　不良債権問題がまだ残っており，また世界のIT機器生産工場であるといってよいわが国製造業企業はその不況に苦しんでいる。外国企業に生産拠点を売却する企業もある。地域経済もIT関連工場の生産縮小や閉鎖などによって大きな影響を受けている。2001年9月に起きた，米同時テロやその後の対テロ戦争そしてバイオテロ（炭疽菌事件）の影響は世界中に及んだが，わが国の場合，さらにBSE（bovine spongiform encephalopathy：牛海綿状脳症，狂牛病）問題，企業倫理にもとる食品の不正表示と偽装問題が加わり，じつに消費者の不信感と消費低迷が募っている。

社会・経済の構造的変化の中で調整中という見方もあるが,「失われた90年代」の後,企業の経営環境は大きく変貌を遂げている。激動期にあるいは大きな転換期にあるとみることもできよう。そうしたなか,ありとあらゆるわが国企業が業績の低迷に悩まされ,国際的に競争力を失っているのではない。絶えずビジネス・モデルを見直し,生産工程を革新し,またプロトタイプ（原型）となるべき製品開発を行っている企業も少なくはない。法制度の変更によってあるいはそれを先取りすべく,株主主権経営への転換の模索もみられる。また実際に訪問してみると日々,企業が「進化」していることを実感する。同一産業内の企業において二極化的現象が起きている。こうした現象はこれまでのように横並びで産業・業界ごとに企業・経営をみていくという視点ではうまく説明できなくなっている。
　今日の企業・経営がおかれている状況を見極め,その方向性と課題の摘出と解明に取り組むことがわれわれに課されているといってよいであろう。こうした課題に本書では迫ってみることにしよう。
　本書では,3部に分け,現代の企業・経営の分析を試みている。

第Ⅰ部　企業と制度

　現代社会において,企業は法律だけではなく,慣習も含めたさまざまな制度（社会制度）に囲まれながら,かつ企業それ自体も制度として存在している。その1つの制度が株式会社である。そこで,第Ⅰ部では大規模化した株式会社を誰が統治するのか,企業にとっての倫理の制度化,制度論の発展の現代企業研究に対する意義を検討する。

　＜第1章　株式会社と経営者支配＞　現代大企業は,株式会社という仕組みによって,より広い範囲からより多くの資金を集めることができるのみならず,少数の資金で企業をコントロールすることが可能になっている。大規模化に伴い企業の組織は複雑になってきており,所有者すなわち大株主が必ずしも経営を担当せず,専門経営者にそれを任せるという現象が広がってきた。「所有者＝資本」と分離した経営（者）が登場した。こうした経営者の登場は「誰が企

業を統治するのか」というコーポレート・ガバナンス問題を提起することになった。そこで，第1章では，企業統治（会社統治）問題として株式会社企業の運営制度自体を考える際の出発点・基礎となる「経営者支配」命題に焦点をあてる。

　＜第2章　コーポレート・ガバナンス＞　第2章では，第1章での考察をもとに，コーポレート・ガバナンス（企業統治）問題に接近してみる。というのも，企業活動のグローバル化・多国籍化の進展，バブル期に行われた企業による行き過ぎた投機行動，その後の業績不振，相次ぐ不祥事によって研究者や実務家の関心が高まり，コーポレート・ガバナンスないしはそのあり方が問われているからである。今日において，企業におけるステークホルダーの利益を保護し，企業行動を効率的にチェック＆モニタリングできるようなシステムを確立する必要性が高まっている。その考察の一環として，本章では，米国におけるコーポレート・ガバナンス問題を中心に論をすすめる。

　＜第3章　企業倫理（ビジネスエシックス）＞　第3章では企業倫理を取り上げる。第1章と第2章で考察したコーポレート・ガバナンス問題に加えて，また従来から論じられてきた企業の社会的責任という問題に加えて，企業の違法・不正な活動を防止する遵法経営（コンプライアンス）や企業倫理が近年注目されるようになっている。米国で企業倫理は，多くのビジネス・スクールで必修科目になっている。本章では，企業倫理が実務家と研究者によってどのように取り上げられるようになったか，さらには経営戦略との関連についても言及する。

　＜第4章　現代企業と制度論＞　第4章では，現代企業にかかわるさまざまな制度のもつ相対的な強みや弱みを理解すべく，歴史的（通時的）分析視点と同時に複数経済間の制度的差異に対する比較（共時的な）分析視点を呈示する。企業は人間のさまざまな欲望を満たすべく，じつに多くの製品やサービスを提供している。企業はこれまでたしかに人々の生活を豊かにするのに貢献してきた。ところが，もう一方で環境破壊や地球温暖化問題など，人々の生存基盤を脅かしかねなくなっている。いかにして企業をコントロールすることができる

のか，まさに制度が鍵を握っている。

第Ⅱ部　戦略と組織

第Ⅱ部では企業における戦略と組織を分析する。企業がどのように市場競争に打ち勝つのかは経営戦略における基本的問題である。そこで，新しい分析アプローチである企業資源ベース論（RBV）と，今日の主要な競争領域となりつつある顧客サービス戦略を取り上げる。ついで，組織慣性と，個別企業の枠を超えた共同研究開発組織を明かにする。「経営」という用語は，一般的に組織を意味することがある。そこで，今日注目を浴びるようになったNPOについてみておくことにしよう。

＜第5章　企業資源ベース論＞　ある企業・組織が市場競争において優位性をもっているということは，ライバル企業に対して一定に「強み」をもっているからであるといってよいだろう。しからば，これをどのように理論的に捉えればよいのだろうか。第5章では，ペンローズ（E.T.Penrose）やポーター（M.E.Porter）といった研究者の研究やSWOT（strength, weakness, opportunity, threat）分析など先行研究をみた上で，企業資源ベース論（RBV）を呈示する。その後で，かつて静態的であった企業資源ベース論が今度は動態的なそれに検討し直され，新しい研究領域が切り開かれつつあることを指摘する。

＜第6章　顧客サービス戦略＞　今日の企業経営においてはますます顧客サービスが重要性を帯びつつある。一見，顧客サービスは対価なしで，かつコストを伴うから企業にとっては後ろ向きの業務と考えられがちである。ところが，顧客サービスこそが顧客満足度を高め，顧客ロイヤルティ（忠誠心）を向上させる。しかして当該企業の競争力を高め，結局その企業の利益に貢献することになる。こうした認識の下，第6章では，顧客サービスの意義をまず探り，しかる後に実態調査に基づいて，真に顧客満足度を高めるには製品や技術が優れていればそれで十分なのではなく，顧客の長期的な使用価値を高め得るサービス機能とサービス体制を充実させることが緊要となることを指摘する。

＜第7章　組織変革と組織慣性＞　企業においては，厳しい経営環境の下，事業の再構築（いわゆるリストラクチャリング）に取り組まざるをえなくなっている。すなわち，組織変革に乗り出さざるをえなくなっている。ところが若い企業はともかくとして，「成熟した」企業では必ずしも高い成果があがっていない。第7章では，企業はなぜ変化を嫌うのか，組織変革を声高に叫んでみても「画餅に帰す」のか，その根本要因を「組織慣性（organizational inertia）」に求め，考察をすすめる。

＜第8章　研究開発の現状と共同研究開発組織＞　アジア諸国・地域の日本経済へのキャッチ・アップや国内産業の空洞化問題が提起されているなか，国内での新産業の創出がわが国の重要な課題となっている。関連して1国レベルでの研究開発が，それも膨大な資金と研究者・研究補助者を必要とする研究開発が必要となる。「企業間」・「産学間」・「産官学間」の共同研究開発などである。そこで，第8章では，研究開発の意義をまず問い，国際比較の観点から日本の研究開発の現状を解析する。しかる後に企業の研究開発の状況をみ，共同研究開発の方向性をさぐり，政府レベルでの共同研究開発（ナショナル・プロジェクト）のプロセス（共同研究組織の生成，展開過程）を具体的に明らかにする。

＜第9章　日本のNPO（非営利組織）セクター＞　今日，経営学は研究対象領域としては企業のみならず，ふつうその他の組織も扱うようになっている。そのうち，もっとも注目されるようになっているのがNPOであろう。NPO法（1998年）が施行され，各種ボランティア活動がさかんになるにつれてNPOのあり方や意義を明かにする必要性が高まっている。そこで，第9章では，NPOを分析する基礎的作業として，そもそもNPOとは何か，その概念を整理し，わが国NPOの概要を検討する。

第Ⅲ部　情報・技術と国際化

　第Ⅲ部では，企業におけるコンピュータ技術の発展と，日本企業の海外への技術移転をみ，今後の研究課題の方向性を探る。さらに，情報技術・情報ネットワークを基礎に国際的に（否，グローバルに）構築されるようになったサプラ

イチェーンとその管理（サプライチェーン・マネジメント）の展開と課題を析出する。さらなる技術の発展や情報化の展開，環境問題への対応をめぐって企業は厳しい競争環境のもとにおかれている。例えば，自動車企業では新たな経営課題に直面していることを最後に指摘する。

＜第10章　企業経営とＰＣソフトウェア製品＞　今日においてはいかなる組織においてもまた企業経営にとっても情報技術，情報ネットワークは必要不可欠なものとなっている。その意義を疑う者はいないであろう。この分野はまさに日進月歩，否それ以上の速さでの技術進歩・技術革新がみられる。もはや，企業経営においてはいかなる部門であれ，コンピュータ技術に無関心でいることはできない。そこで，第10章では，企業経営のための情報にかかわるコンピュータやコンピュータ・ソフトウェア製品を分類・整理し，その役割や活用法を探る。

＜第11章　企業の海外直接投資と技術移転＞　第11章では，日本企業の海外直接投資の進展とともに，国内で蓄積された経営管理，生産技術，ノウハウ，ブランド，信用といった経営資源を投資先国（海外子会社）にどの程度もち込めるかといった「技術移転」にアプローチする。その際，どのような視点から技術移転を取り上げるのか，技術移転の形態，技術移転を促進する要因，逆に阻害する要因は何かを検討する。しかる後に，技術移転の実態と定着への課題を摘出する。最後に，従来の技術移転論の限界を指摘する。すなわち，これまでの研究は，海外子会社から国内親会社への移転を軽視してきた。今後は「親が子に学ぶ」という海外子会社から国内親会社への移転といった視点が緊要となるであろう。

＜第12章　サプライチェーン・マネジメント（ＳＣＭ）＞　第12章での問題提起にいくぶんこたえているのが，第13章である。製品が設計，開発，生産され市場に届くまでを連鎖（チェーン）と考え，管理しようというのがサプライチェーン・マネジメント（SCM）である。このSCMの技術的基礎はまぎれもなくITや情報ネットワークなどである。ところが，SCMのアイデアや着目点は，日本企業の生産システムにあると考えられる。つまり，日本的生産システ

ムのアイデアが海外に移転され，普及・発展し，システム化され，今度は日本にいってみれば逆輸入されているのである。このようにとらえるならば，SCMへの理解はいっそう深まるであろう。

＜第13章　大競争時代の自動車企業経営＞　今日の大競争時代において，まさにグローバルなレベルで産業再編成が行われているのが自動車産業である。自動車産業はかかわる産業分野も広く，「総合産業」，「基幹産業」とも呼ばれている。先進工業国，発展途上国を問わず，各国とも自国の自動車産業の保護を行い，戦略的産業と位置づけている。また，折からの地球環境問題や部品調達，販売そして交通問題にこたえるべくITやITS（高度道路交通システム）にいかに取り組むのかといった課題が自動車企業に突きつけられている。こうした課題に取り組むにはより高度な技術と膨大な資金を必要とする。第13章では，今日の自動車企業の新しい経営課題を検討する。

　本書を執筆するに当たってわれわれが念頭においたのは，同学諸兄や実務家そしてこれからの21世紀を担っていくであろう若い方々である。本書ではできるだけ現代の企業・経営における新しい領域を盛り込んでいるつもりである。初学者には他の経営学や企業経営に関する文献をも併せて紐解いていただくならば理解はよりいっそう深まるだろう。

　本書の執筆者13名は，いずれも慶應義塾大学商学部・大学院商学研究科教授植竹晃久先生に教えを受けた者である。本書はもともと，植竹先生のご還暦をお祝いすべく，企画されたものである。先生には，執筆者一同，感謝の気持ちで一杯である。

　各執筆者とも，現代企業・経営における新しい領域，ダイナミズムの一端を解き明かしたい，自分のこれまでの研究を一歩進めた次のマイル・ストーンにしたいと考えている。しかしそうした意図どおりになっているかどうかについては，読者の判断を待つしかない。さらに論理の不備を補い，精緻化し，サーベイすべき文献もまだまだあるだろう。筆者たちの浅学非才ゆえの思わぬ誤謬がありはせぬかと恐れている。読者諸賢の厳しいご批判，ご叱正をお願いした

いと思う。

　この種の出版については多くの困難が伴うとかねて聞いていた。予想に違わずいろいろな方々の手を煩わせてしまった。特に，事務局を快く引き受けていただいた，国士舘大学教授田淵泰男氏には多用な折り，煩わしい作業をじつに手際よくこなしていただいた。氏のご協力なくしては本書はなっておるまい。また，調整作業等では北海学園大学助教授石嶋芳臣氏の助力によるところが大きかった。感謝申し上げたい。

　出版を快く引き受けていただいた税務経理協会には本当にいろいろとご配慮をいただいた。同社社長大坪嘉春氏，社長室長大坪克行氏，そして編集部峯村英治氏には，特にご面倒をお掛けしてしまった。校正など同社編集部岩渕正美さんにもたいそうお世話になった。この機会をお借りして御礼申し上げたい。

　　2002年2月28日
　　　　　　　　　　　　　　　現代企業経営研究会
　　　　　　　　　　　　　　　　　　編集代表　川　上　義　明

目　次

まえがき

第Ⅰ部　企業と制度

第1章　株式会社と経営者支配 ……………………………………3
　1　はじめに ……………………………………………………………3
　2　株式会社の資本・支配集中機構と「財産の変革」……………4
　3　株式会社と「経営者支配」の成立 ………………………………7
　4　「経営者支配」と「経営者の中立なるテクノクラシー化」命題 ……11
　5　むすび ………………………………………………………………15

第2章　コーポレート・ガバナンス ……………………………17
　1　はじめに ……………………………………………………………17
　2　支配論からガバナンス論へ ………………………………………18
　　1　株式会社と株主 …………………………………………………18
　　2　機関投資家の台頭 ………………………………………………19
　　3　市場型ガバナンスの無機能化 …………………………………21
　3　株主利益最大化と諸ステークホルダー …………………………23
　4　取締役会の独立性 …………………………………………………25
　5　むすび ………………………………………………………………29

第3章　企業倫理（ビジネスエシックス） ……………………31
　1　はじめに …………………………………………………31
　2　日本における最近の企業倫理に対するアプローチの限界 ………33
　　1　日本における企業倫理の制度化の限界…………………33
　　2　コンプライアンス・アプローチの限界………………………34
　3　経営戦略と関連づけられる企業倫理 ……………………35
　　1　企業の社会的責任と経営戦略……………………………35
　　2　企業倫理と経営戦略………………………………………38
　4　経営戦略における「統合的概念」：経営社会政策過程 ………40
　5　むすび ……………………………………………………43

第4章　現代企業と制度論 ………………………………49
　1　はじめに …………………………………………………49
　2　制度論の発展 ……………………………………………51
　　1　2つの制度派………………………………………………51
　　2　制度の分析道具としてのゲーム理論……………………53
　3　むすび ……………………………………………………58

第 II 部
戦　略　と　組　織

第5章　企業資源ベース論 ………………………………63
　1　はじめに …………………………………………………63
　2　RBVの確立 ……………………………………………65
　　1　製品から資源へ……………………………………………65

2　企業固有の強みの諸条件 ……………………………………… 66
　3　持続的競争優位 …………………………………………………… 66
　　　1　持続的競争優位 ………………………………………………… 66
　　　2　資　　源 ……………………………………………………… 67
　　　3　レ　ン　ト ……………………………………………………… 68
　4　静態から動態へ …………………………………………………… 70
　　　1　資産の蓄積 ……………………………………………………… 70
　　　2　能力（ケイパビリティー）…………………………………… 71
　　　3　ダイナミック・ケイパビリティー …………………………… 72
　5　む　す　び ………………………………………………………… 72

第6章　顧客サービス戦略 …………………………………………… 77
　1　は じ め に ………………………………………………………… 77
　2　産業別の顧客サービスと主要企業の戦略 ……………………… 79
　　　1　工作機械 ………………………………………………………… 79
　　　2　建設機械 ………………………………………………………… 82
　　　3　昇　降　機 ……………………………………………………… 83
　　　4　コンピュータ …………………………………………………… 85
　　　5　住　　宅 ……………………………………………………… 87
　　　6　自　動　車 ……………………………………………………… 88
　3　む　す　び ………………………………………………………… 90

第7章　組織変革と組織慣性 ………………………………………… 93
　1　は じ め に ………………………………………………………… 93
　2　組織慣性に陥るプロセス ………………………………………… 93
　3　組織慣性のメカニズム …………………………………………… 97
　4　変革を妨げる組織慣性 …………………………………………… 98
　5　組織慣性に陥らないための方策 ………………………………… 101

6　むすび …………………………………………………………104

第8章　研究開発の現状と共同研究開発組織 …………………107
　1　はじめに ……………………………………………………………107
　2　研究開発研究への視点 ……………………………………………108
　3　日本における研究開発 ……………………………………………109
　　1　日本における使用研究開発費・研究者数 ……………………109
　　2　日本の使用研究開発費・研究者数の「研究開発組織」別割合 ……110
　　3　研究開発の段階別状況 …………………………………………111
　4　日本の産業・企業における研究開発 ……………………………112
　5　研究開発における諸研究機関の「連携」 …………………………114
　6　政府レベルでの共同研究開発の生成と展開 ……………………116
　　1　研究開発とシード・ネットワーク ……………………………116
　　2　独創的高機能材料創製技術プロジェクト ……………………117
　　3　探索共同体 ………………………………………………………117
　　4　企画共同体 ………………………………………………………118
　　5　研究共同体 ………………………………………………………119
　7　むすび ………………………………………………………………120

第9章　日本のNPO（非営利組織）セクター ………………123
　1　はじめに ……………………………………………………………123
　2　NPOとは何か ……………………………………………………123
　　1　NPOの定義 ……………………………………………………123
　　2　NPOの範囲 ……………………………………………………125
　3　民法上の法人の概要 ………………………………………………127
　　1　財団法人 …………………………………………………………127
　　2　社団法人 …………………………………………………………128
　4　特別法上の法人の概要 ……………………………………………129

目次

  1 学　校　法　人 ………………………………………………………129
  2 社会福祉法人 …………………………………………………………131
  3 宗　教　法　人 ………………………………………………………132
  4 医　療　法　人 ………………………………………………………132
  5 特定非営利活動促進法上のＮＰＯ法人 ……………………………133
  6 む　す　び ……………………………………………………………135

第Ⅲ部
情報・技術と国際化

第10章　企業経営とＰＣソフトウェア製品 ……………………139
 1 はじめに ……………………………………………………………………139
 2 インターネットの急速な普及とＰＣの発達 ……………………………140
 3 ビジネス用ＰＣソフトウェア製品の動向 ………………………………143
  1 オフィス・ソフトウェア製品群 …………………………………143
  2 データベース・サーバ ……………………………………………145
  3 グループウェア ……………………………………………………146
  4 ＷＷＷ ………………………………………………………………149
  5 業務専用ソフトウェア ……………………………………………151
 4 む　す　び …………………………………………………………………152

第11章　企業の海外直接投資と技術移転 ………………………153
 1 はじめに ……………………………………………………………………153
 2 技術移転問題の見方 ………………………………………………………155
 3 技術移転の規定要因 ………………………………………………………157

4　日系企業にみる日本的経営の導入 ································158
　　　1　安保らの調査結果 ···158
　　　2　岡本らの調査結果 ···162
　　5　むすび ···164

第12章　サプライチェーン・マネジメント（ＳＣＭ） ········167
　　1　はじめに ··167
　　2　連鎖経営（チェーン・マネジメント）の生成，発展 ········168
　　　1　ＳＣＭの生成 ··168
　　　2　ＱＲ ··169
　　　3　ＥＣＲ ··169
　　　4　ＱＲ，ＥＣＲの発展形態としてのＳＣＭ ···················170
　　3　ＳＣＭとは何か ···170
　　　1　サプライチェーンとは何か ···································170
　　　2　ＳＣＭとは何か ··172
　　　3　ＳＣＭの普及 ··174
　　　4　グローバルＳＣＭ ···174
　　4　ＳＣＭのルーツとしてのリーン生産システム ···············175
　　　1　リーン生産システム ···175
　　　2　価値の川 ··176
　　5　ＳＣＭの機能的要素 ··177
　　6　むすび ···178

第13章　大競争時代の自動車企業経営 ························183
　　1　はじめに ···183
　　2　日本の自動車会社の発展と現状 ·······························184
　　3　自動車産業の世界的な再編成 ··································187
　　4　自動車会社の新たなる課題－環境問題およびＩＴ－ ·······190

目　　次

　　5　むすび ………………………………………………193

索　引 ……………………………………………………195

第 I 部

企業と制度

第 1 章　株式会社と経営者支配
第 2 章　コーポレート・ガバナンス
第 3 章　企業倫理（ビジネスエシックス）
第 4 章　現代企業と制度論

第1章
株式会社と経営者支配

 はじめに

　現在，日本および欧米各国で，現代巨大株式会社企業の「コーポレート・ガバナンス（corporate governance）」問題が注目され，この問題について活発な議論が続けられている。「コーポレート・ガバナンス」問題は，一般に「会社統治」問題ないし「企業統治」問題という訳語があてられ，そこでは，「『そもそも企業を支配する者は誰か』，『企業はいったい誰のために，またいかに運営されるべきか』といった根本的な問題」に対する認識をもとに「企業の公正かつ効率的な運営システムを構築していくことが模索されている」[1]。「会社統治」をめぐる議論はそれ自体としては古く，少なくとも近代株式会社が制度的に確立されてくる19世紀の中頃からすでに存在する。いってみれば，「会社統治」問題は株式会社制度と不可分の固有のものであり，その時々の社会的・経済的状況を反映した議論がなされてきた。今日の「会社統治」問題をめぐる議論は，日本および欧米各国で多少の時間的なズレがあるものの，直接的には，1970年代以降に生じた巨大株式会社企業の企業不祥事や企業業績の低迷を契機として活発に行われるようになった[2]。

　それではなぜ，今日，「会社統治」問題として株式会社企業の会社運営制度自体が問題とされねばならなくなったのであろうか。本章では，こうした問題を考えるための基礎であり，その出発点となる「経営者支配」命題を考察していきたい。

　「経営者支配」命題を考察しようとするとき，とりあげなければならないの

が，その著書『近代株式会社と私有財産』(The Modern Corporation and Private Property, 1932) において展開されたバーリ＝ミーンズ (A.A.Berle & G.C.Means) の所説であろう。この著書のなかで，彼らは次のような主張をしている。すなわち，

① 株式会社制度の成熟とともに「伝統的財産」の変革が生じた
② 多くの巨大株式会社企業では，株式の高度な分散によって「出資と支配の分離」(=「経営者支配」) が生じている
③ 「出資と支配の分離」によって，「会社統治」の原理として「財産の論理 (Logic of Property)」と「利潤の論理 (Logic of Profits)」との間で対立・矛盾が生じるようになった
④ 著しく大きな経済力をもつ巨大株式会社企業が存続するためには，その「会社統治」原理として，「経営者」は「中立なるテクノクラシー (purely neutral technocracy)」になるべきである

という主張である。以下の行論においてこうした主張を詳しくみていきたい。

株式会社の資本・支配集中機構と「財産の変革」

　私有財産制度のもとでは，所有者は，所有物の使用・処分と所有物からの収益に対して排他的な権能をもっており，収益を含めた所有物の使用・処分について「自律的」に自己の意思を反映することができる[3]。こうした所有者と所有物との関係は，企業においてもみることができる。まず，こうした関係が最も明瞭に現れる個人企業形態についてみてみよう。

　個人企業形態は1人の出資者によって出資された企業であり，出資された貨幣や，こうした貨幣によって購買された設備・原材料などによって構成される企業資産は，出資者たる「個人企業主」の所有物である。したがって，「個人企業主」は，企業資産の使用・処分について「自律的」に自己の意思を反映することができる。具体的には，製造業企業を例にとれば，何を，いつ，どこで，

どれだけ，いかに生産し，販売するのか，また，こうした商品の生産や販売を行うためにどのような設備を購入するのか，といったことを「個人企業主」は「自律的」に決定することができる。こうした企業資産の「運用」（以下の論述では，「企業経営」と呼ぶことにする）の結果生じた利潤は「個人企業主」のものとなる。

このように，個人企業形態の場合，私的所有が出資者によって「個人的」に担われ，出資と「企業経営」が「個人企業主」のもとで「個人的」に合一されている。ところが，こうした個人企業形態においても，事業規模の拡大や「企業経営」の複雑化が生じ，「個人企業主」に代わって「被雇経営者（hired manager）」によって「企業経営」が担われる方が合理的であれば，いわゆる「出資と経営の分離」が生じうる。こうした「出資と経営の分離」は私的所有に基づく「経営権能」の行使権限の「被雇経営者」への委譲であり，その程度は，日常業務的な意思決定領域から戦略的な意思決定領域までさまざまなものでありうる。そして，「出資と経営の分離」が構造化するに伴って，出資者は，究極的には「被雇経営者」の任免権を介してのみ企業資産の運用にその意思を反映しうるようになる。ここに企業「支配」の問題が生じうる基礎が形成されることになる。

バーリ＝ミーンズは，所有権は3つの機能をもち，「伝統的財産」では，こうした諸機能が所有者のうちに「個人的」に合一されているとする。すなわち，

第1に企業に利害関係（interests）をもつ機能

第2に企業において権力（power）をもつ機能

第3に企業に行為を行う（action）機能

がそれであり[4]，こうした機能は，それぞれ「出資」，「支配」，「経営」に対応しているということができる。「出資と経営の分離」は，こうした「伝統的財産」の変革を生じさせるものであるが，このことは，個人企業形態においてはまだ萌芽的なものであり，株式会社制度の成立・成熟化のなかで明確なかたちで顕在化してくる。

株式会社形態においては，上述のような出資者と企業資産との関係が変化し，

第I部　企業と制度

両者の間に法人たる「会社それ自体」が介在し、法形式的には、企業資産の直接的な所有は、出資者に代わって「会社それ自体」によって担われるようになる。企業資産は会社のものとなり、その運用も会社の意思決定に基づいてなされることになる。出資者たる株主は、迂回的にいわゆる「会社機関」を介してその意思を「企業経営」に反映することになる。「会社機関」は、国によってそれぞれの特色をもっているが、基本的には株主総会、取締役会、監査役の3つの機関から構成されている。こうした3つの機関のうちここで主に問題となるのは、株主総会と取締役会である。

株式会社形態における支配集中（＝会社の統一的意思の形成）のメカニズムの特色として、次のような点を指摘することができる。

すなわち、各出資者が平等な経営権能をもち、平等にそれを行使しうる場合、こうした出資者間での合意に基づく統一的な意思が形成されうる出資者の数・範囲は、自ずと限界づけられることになる。株式会社形態においては、経営権能を取締役会に客体化（＝制度的な「出資と経営の分離」）させた上で、こうした権能を担う取締役を株主総会で選出する。他方で、株式に種別化がないものと

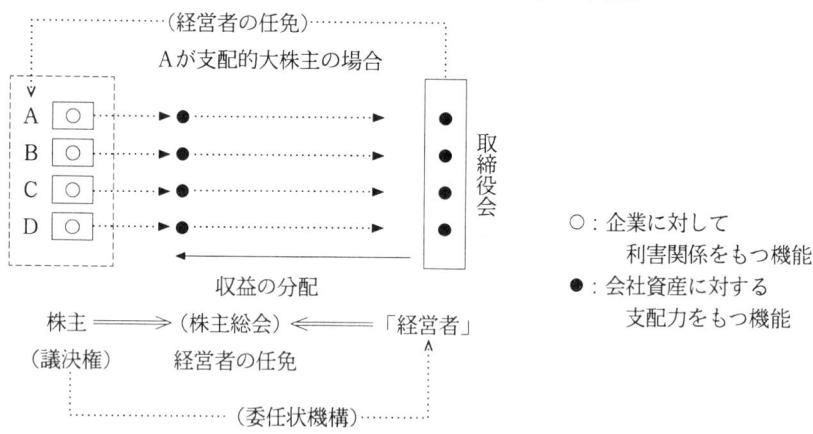

図表1－1　株式会社形態における支配集中機構

（出所）瀬川新一「『機関株主化』現象と『経営者支配』仮説」『三田商学研究』32巻6号（1990年）、100ページ、図－1を再構成。

すれば，株主を構成員とする株主総会においては「1株1票」の資本多数決の原理に基づいて意思形成がなされる（図表1-1を参照）。こうしたメカニズムによって会社の統一的な意思の形成に係わる前述の限界が克服されて，広く社会に存在する多数の投資家から出資を募ることができるようになる[5]。

こうした支配集中のメカニズムにおいては，支配の集中を図ろうとすればするほど，出資者たる株主の権能が一律に縮小され，その一方で，これに比例して取締役会の権能が拡大されることになる。バーリ＝ミーンズによれば，当時における米国株式会社の法的発展は，経営者権力の漸次的な容認の過程であり，その結果としての，支配者への権力の集中であった[6]。こうしたとき，株主は，株主総会における取締役の任免によってのみ，取締役会に客体化されている「経営権能」をその手中に領有することができるようになる。後に述べるように，バーリ＝ミーンズは，会社支配の定義として，取締役の任免力の所在をもって支配の所在としたが，こうした彼らの支配定義は，上述のような株式会社企業が有する支配集中のメカニズムを背景としたものであるといえよう[7]。

バーリ＝ミーンズは，このような成熟した株式会社形態では，株主総会における議決を制することができない株主は「経営権能」を領有することができなくなり，彼らの所有する株式は，もはや企業において権力（power）をもつ機能および企業に対して行為を行う（action）機能をもち得なくなっており，ここに「伝統的財産」の変革が生じているとしている。そして，当時の多くの米国巨大株式会社企業において「出資と支配の分離」が全株主および，株主総会を制することができる株主が存在し得なくなっているとしている。

株式会社と「経営者支配」の成立

巨大株式会社企業においては，なぜ「出資と支配の分離」が全株主および得るのだろうか。

第2節で述べたように，株式会社制度においては株主総会によって取締役が

選任され，迂回的にではあるが，制度的に株主の意思が「企業経営」に反映されることになっている。ところが，株主総会における議決は，「1株1票」の資本多数決に基づいてなされるため，大株主によって株主総会の議決が制される。このため，その意思を「企業経営」に反映することができない中小株主が生まれてくることになる。また，「企業経営」にその意思を反映させることに関心をもたない株主も存在する。こうした諸株主は，出資先の企業の株主総会に出席して議決権を行使することが意味をなさないので，株主総会に出席せず，委任状だけを出すか，あるいは，委任状すら出さないようになる。それゆえ，株式会社企業では，資本規模の拡大の過程で，株主総会に出席せず，かつ，委任状も提出しない株主が増加することになる。このため，株主総会における議決を制するために必要となる議決権が縮減し，発行済み株式の過半数をもたなくとも議決を制することができるようになる。ところがその一方で，委任状機構のもとに集中される議決権も増大することになる。そして，発行済み株数が増加していく過程のある時点で，委任状機構のもとに集中された議決権が，どの株主がもつ議決権よりも大きくなり，こうした議決権の行使によって，ついには株主総会における議決を制することができるようになる。ここに，全株主において「出資と支配の分離」状態が生じることになる。つまり，どの株主も自己の持ち株に基づいて会社を支配し得ない状況が発生することになる。

　株式会社形態は，論理的には他の企業形態よりもヨリ大きな資本を調達することができ，資本規模の拡大が強制される大企業に適合的な会社企業形態である。換言すれば，株式会社形態をとる企業は，株式発行による資本規模の拡大が強制される会社企業であり，「支配的大株主」による支配維持が可能な規模を越える資本の拡大が強制されるのである。

　バーリ＝ミーンズは，会社支配を「取締役会（または過半数の取締役）を選出する実際的権力（actual power）」[8]と定義し，1929年当時の巨大株式会社企業における「出資と支配の分離」状況に関する次のような実態調査を行っている。

・調査対象企業：会社資産額を基準とした非金融企業上位200社。
・会社支配カテゴリー：

* ほとんど完全な持ち株による支配（Control through almost complete ownership）

個人あるいは小集団がすべての株式あるいは，ほとんどすべての株式を所有しており，所有と支配が完全に結合している。

* 過半数持株支配（Majority control）

個人あるいは小集団が過半数の株式を所有し，こうした株主において所有と支配が完全に結合している。

* 法律的手段による支配（Control through a legal device）

無議決権株，議決権信託の組織化，あるいは持ち株会社などの法律的手段を利用して支配を維持する支配形態。

* 少数持株支配（Minority control）

個人あるいは小集団が50％未満〜20％以上の株式を所有しており，過半数の株式を所有していないが株主総会で過半数の議決権を動員することができ，企業の「事実上の支配」を有している場合。

* 経営者支配（Management control）

株式の高度な分散によって，企業を支配するために充分な株式をもつ個人あるいは小集団すら存在しない状態。

彼らの調査の結果によれば，会社数で44％，資産額で58％の企業が「経営者支配」下にあった（図表1-2）。こうした調査結果に基づいて，バーリ＝ミー

図表1-2　米国200大企業の支配形態

(％)

	会　社　数	資　産　額
私的所有	6	4
過半数持ち株支配	5	2
法律的手段による支配	21	22
少数持ち株支配	23	14
経営者支配	44	58
管財人の手中にあるもの	1	—

(出所)　A.A.Berle and G.C.Means, *The Modern Corporation and Private Propety*, Revised Edition, 1963, p.109を再構成。

ンズは、アメリカの大部分の巨大株式会社企業では、株主が支配を掌握していない、と結論づけている[9]。

上述のようなバーリ＝ミーンズの「株式の高度な分散に基づく経営者支配生成」仮説は、今日まで会社支配をめぐる議論の主要な枠組みとなると同時に、これに対しては多くの批判的な検討がなされてきた。

まず、彼らの実態調査については、「……株式所有に基づく支配が認められないとしても、直ちに『経営者支配』とみるべきではなく、その多くについては、株式所有とその他の諸方法で、巨大財閥が支配しているとみられうる」。彼らが「経営者支配」とした企業は、実際には、「とくにモルガン財閥およびロックフェラー財閥の支配・系列下にある会社である」[10]との批判がある。また、最近では、彼らの「経営者支配生成」仮説の前提条件となっている「株式の高度な分散」が反転して、機関株主への株式所有の高度な集中化傾向と機関株主の大株主としての台頭（＝「機関株主化」の進展）がみられるが、こうした現象を基礎とした「経営者支配」仮説批判が行われるようになっている[11]。

こうした批判は、バーリ＝ミーンズ以降の、個別企業の「経営者」の自由裁量性の拡大を強調する「経営者支配」命題に対する批判としては一定の有効性をもつといえる。しかしながら、こうした批判は、バーリ＝ミーンズの所説に対する本質的な批判になっているとはいいがたい。前者のような財閥支配を対置させる批判においては、「モルガン型」支配に代表されるような株式所有に基づかない支配を主張することは、逆に「出資と支配の分離」の発生を認めてしまうことになる。そして、バーリ＝ミーンズは「経営者支配」範疇を出資と「支配」が分離している限りで使用しており、彼らの「経営者支配」範疇は、こうした出資に基づかない「支配」と何ら対立するものでない。また、後者のような機関株主支配を主張することによって、「経営者支配」仮説を批判する場合、支配者となった機関株主を支配するのは誰かという究極的支配の所在が問題となる。バーリ＝ミーンズが問題としたのは、究極的支配（＝個人株主レベル）における「出資と支配の分離」であり、個人株主が「企業経営」から疎外されているということである。

第 1 章　株式会社と経営者支配

　こうして「出資と支配の分離」が生じ，個人株主の「支配」から「会社それ自体」が「自律化」するという状況が生じてくると，改めて「会社それ自体」の運営の仕方が問われるようになる。

　「経営者支配」と「経営者の中立なるテクノクラシー化」命題

　バーリ＝ミーンズによれば，巨大株式会社企業の運営の原理として3つの選択肢がある。

　「第1の原理」は，「財産の論理」に依拠するものであり，出資者たる株主のために会社運営がなされる。すなわち，企業は出資者の財産であり，「経営者」によって担われる経営権能は，出資者から受託したものである。それゆえ，こうした権能は出資者たる株主のために行使されるべきものである。

　「第2の原理」は，「利潤の論理」に依拠するものであり，支配者のために会社運営がなされる。すなわち，資本の効率的な運用・管理は，究極的経営と責任を負っている「支配者」の利潤追求動機に依存しており，それゆえ，資本の提供・リスク負担に対する適正な報酬を除いた利潤は，「支配者」に分配されねばならないものである。

　「第3の原理」は，諸利害者集団のために会社運営がなされる。すなわち，会社運営は，株主あるいは支配者という単独の利害者の要求を満たすのではなく，社会における諸利害者集団の要求のバランスをとり，公共政策の立場から所得の流れをそれぞれの利害者集団にあてがうためになされねばならない。経営者は，こうした機能を担ういわゆる「純粋に中立なるテクノクラシー」化せねばならない。

　このような3つの選択肢である[12]。

　バーリ＝ミーンズは，出資と「支配」が分離する現代の巨大株式会社企業においては，こうした選択肢のうちの「第3の原理」によって会社運営がなされるべきであるとする。彼らは，それをおおよそ次のような論理から導き出して

11

第Ⅰ部　企業と制度

いるものといえる。

　典型的には，個人企業形態においてみられたように，出資者が3つの機能から構成される「伝統的財産」を所有しているとき，出資者が「支配者」であるために，「第1の原理」と「第2の原理」は矛盾するものではない。出資者は，利潤追求目的で企業に投資し，その企業の究極的経営と責任を負うことが課せられる[13]。成熟した株式会社形態においては，制度的な「出資と経営の分離」が生じ，株主は，株主総会における議決権能を介してのみ迂回的に「経営権能」を領有することができる。株式の高度な分散によって，株主総会における議決を制することができる株主が存在しなくなるとき，株主が所有するものは，「伝統的財産」を構成する第1の機能である「企業に利害関係をもつ機能」のみを実態的な内容とする株式＝「消極的財産（passive property）」となる。そして，「伝統的財産」は，他方において，現実に機能している企業資産＝「積極的財産（active property）」に再編されることになる[14]。こうした「積極的財産」を担っているのは，何ら出資機能を果たしていない新たな「支配者」である。こうして，企業に投資し，企業活動のリスクを負う者と「企業経営」に究極的責任を負う者とが分裂し，別の人格によって担われるようになると，上述の「第1の原理」と「第2の原理」とが矛盾するようになる。「第1の原理」に基づいて会社運営を行えば，利潤は出資者たる株主のものとなり，資本の効率的な運用・管理に責任を負っている「支配者」に利潤追求動機をあたえることができなくなる。また，「第2の原理」に基づいて会社運営を行えば，私有財産制度と矛盾をきたすことになる。

　こうして「財産の論理」と「利潤の論理」との間で矛盾を生じるようになった株式会社制度が存続するための会社運営原理として，バーリ＝ミーンズが提起したものが「第3の原理」であった。この「第3の原理」については，「財産の論理」と「利潤の論理」との間で生じる矛盾から論理展開なしに「第3の原理」が導出されている。また，「経営者支配」下にある企業の「経営者」が「中立なるテクノクラシー化」する論理が展開されていない，という批判がなされることがある[15]。しかしながら，彼らのこうした主張は，次のように理解

第1章　株式会社と経営者支配

すべきである。

　すなわち，バーリとドット（E.M.Dodd）との間の論争において示されているように，バーリは，理論的には「経営者」が「中立なるテクノクラシー化」せざるを得ないと考えられるのであるが，現実の「経営者」が実際に「中立なるテクノクラシー化」しているということを主張しているのではない。彼は，現状では，「経営者」が「中立なるテクノクラシー化」しておらず，「経営者」が絶対的な存在となることに危惧をもっている。こうした状況では，基本的には「第1の原理」による「経営者」権力の制御が必要であることを主張している。バーリ＝ミーンズが「経営者の純粋に中立なるテクノクラシー化」命題を提起する場合，「経営者」権力の制御を可能とする「説得的な社会義務のシステム（convincing system of community obligations）」ができ，こうしたシステムが社会的に受容されることをその前提としているのである[16]。

　こうした「経営者」権力を制御する「説得的な社会義務のシステム」の形成は，まさに今日の「会社統治」問題の焦点となっているものである。それではなぜ，「経営者」は「純粋に中立なるテクノクラシー化」しなければならないのであろうか。バーリ＝ミーンズは，こうした問題について，必ずしも明示的に本格的な論証を行っているわけではない。しかしながら，彼らの「純粋に中立なるテクノクラシー化」命題は，彼らの所説を敷衍・推測すれば，おそらく「積極的財産」の属性から導出されたものであろうことが考えられる。

　彼らの定義する「積極的資産」とは，現実に機能している企業資産であった。こうした資産が社会経済のなかで機能するとき，必然的に諸利害者集団との関係が形成されることになる。すなわち，企業は，貨幣によって労働力と生産手段を調達し，それを使用して生産活動が行われ，生産された商品を販売する。そして，こうした運動を介して投下された貨幣が利潤を伴って回収される。こうした企業活動によって，第一次的には，労働者，生産手段の納入者，および，顧客との利害関係が形成されることになる（図表1－3を参照）。

　私有財産制度のもとで，こうした営利追求活動が社会的に容認されるのは，こうしたことによって社会が便益を享受しているからである。労働者は，企業

第 I 部　企業と制度

図表 1 - 3　資本の運動範式

$$G - W < {A \atop P_m} \cdots P \cdots W' - G'$$
G：貨幣，W：商品，A：労働力，P_m：生産手段，P：生産

に一定の労働条件・労働環境のもとで雇用され，労働することになる。また，顧客は，企業によって供給される商品にその消費生活を依存することになる。企業の事業規模が拡大し，個別企業の企業活動に依存する利害者集団が拡延するに従って，その社会的影響力が大きくなり，このことに比例して，企業に対する社会的要求は，次第に個別企業の「経営者」に対する直接的な要求となる[17]。こうしたことを個別企業の「経営者」からみるならば，諸利害者集団との良好な関係が形成されない限り，順調な資本運動（＝企業活動）を行うことができず，企業の存続・発展のためには，諸利害者集団との良好な関係が維持されねばならなくなる。その一方において，事業規模の拡大によって，企業活動は，構造化された「分業に基づく協業」を介して行われるようになり，企業の価値は，こうした物的・人的組織に依存するようになる。

「出資と支配の分離」によって，株主が「企業経営」の背後に退き，単なる出資機能だけを担い，諸利害者集団の一部を構成するだけの存在となるとき，「積極的財産」は，証券所有者，労働者，消費者，「経営者」等にその生命を依存し，機能している有機的組織となる[18]。そして，「経営者」は，「経営権能」の担い手でありながら，こうした権能の行使は，上述のような企業の内的・外的構造に規定されたものにならざるを得ず，自らを含む有機的組織となった「積極的財産」の属性に規定されざるを得なくなる。

もし，こうした敷衍・推測が正しければ，「経営者」は，株主あるいは「経営者」の個別的要求を満たすのではなく，自らを含む社会における諸利害者集団の要求のバランスをとり，社会的な存在としての企業の立場から所得の流れをそれぞれの利害者集団にあてがう「純粋に中立なるテクノクラシー化」せざるを得なくなる，ということができよう。

第1章 株式会社と経営者支配

むすび

　これまで検討してきたように，バーリ＝ミーンズの所説は，その書名が示すように「私有財産」の変革の側面から「会社統治」の問題を展開したものであるといえる。そして，「経営者の純粋に中立なるテクノクラシー化」命題は，「出資と経営の分離」を前提とした，「出資と支配の分離」下にある企業の現実に機能する企業資産からの要請であった。こうしたバーリ＝ミーンズの所説がもつ現代的意義は，次のように考えられる。すなわち，事業規模の拡大とともに，企業の価値はますます物的・人的組織に依存するようになるが，その一方で，同時に構造化された企業内分業は，「経営権能」の組織的行使を意味することになり，「財産の論理」と「利潤の論理」の対立・矛盾が，株主と「経営者」の間にとどまらず，経営組織全体に拡延することになる。近年の「機関株主化」の進展を背景として，投資先企業の「企業経営」に対する機関株主の影響力が強まってきた。現行の株式会社制度からすれば，こうしたことは株主主権の回復であり，何ら問題がないはずである。ところが，株主主権が強まることによって，企業価値を創出するものとしての組織への関心が促されることになった。こうしたことは，われわれに私的所有の経済的意味の検討を研究課題として提起するものであり，バーリ＝ミーンズの「経営者支配」命題が提起しているのも，まさにこうした現代的課題であるといえよう。

（注）
1） 植竹晃久「現代企業のガバナンス構造と経営行動」植竹晃久・仲田正樹編著『現代企業の所有・支配・管理』ミネルヴァ書房，1999年，1ページ。
2） 出見世信之『企業統治問題の経営学的研究』文眞堂，1997年，5ページ。水口宏『会社運営と株主の地位』商事法務研究会，1994年および荻野博司『問われる経営者』中央経済社，1995年を参照。
3） 例えば，日本の民法第206条は，「所有者ハ法令ノ制限内ニ於テ自由ニ其所有物ノ使用，収益及ヒ処分ヲ為ス権利ヲ有ス」と規定している。

第Ⅰ部　企業と制度

4）Berle, A.A. and G.C.Means, *The Modern Corporation and Private Property*, revised edition, New York, Harcourt, Brace & World, Inc, 1963, p.112.（北島忠男訳『近代株式会社と私有財産』文雅堂銀行研究社, 1976年, 147ページ）
5）株式会社形態の資本集中・支配集中のメカニズムについて, 詳しくは, 植竹晃久『企業形態論』中央経済社, 1984年および瀬川新一「なぜ, いま会社支配問題なのか」小林康助編著『現代経営学序説』同文舘, 1997年を参照。
6）Berle and Means, *op.cit.*, p.119.（前掲邦訳書, 155～156ページ）
7）代表的な会社支配の定義として, こうした取締役の任免力を基準とするものの他に, 企業経営の根幹をなす意思決定を行う権力, あるいは, こうした決定への影響力を基準とするものがある。後者に関しては, 例えば, E.S.Herman, *Corporate Control, Corporate Power*, New York, Cambridge University Press, 1981を参照。
8）Berle and Means, *op.cit.*, pp.66-67.（前掲邦訳書, 88～89ページ）
9）*Ibid.*, p.110.（同上邦訳書, 142ページ）
10）上林貞治郎『資本主義企業論』税務経理協会, 1969年, 232ページ, および Rochester, A., *Ruler of America*, New York, International Publisher, 1936（立井海洋訳『アメリカの支配者（上・下巻）』三一書房, 1953年・1954年）を参照。
11）最近の会社支配論における代表的な所説を検討している次の文献を参照のこと。貞松茂『株式会社支配の研究』ミネルヴァ書房, 1994年, 正木久司『株式会社支配論の展開〔アメリカ編〕』文眞堂, 1983年および正木久司『株式会社支配論の展開〔イギリス編〕』文眞堂, 1991年。
12）Berle and Means, *op.cit.*, pp.293-313.（前掲邦訳書, 423～451ページ）
13）*Ibid.*, p.297.（同上邦訳書, 429ページ）
14）*Ibid.*, pp.304-305.（同上邦訳書, 439ページ）
15）藻利重隆『現代株式会社と経営者』千倉書房, 1984年, 102ページ。
16）Berle and Means, *op.cit.*, p.312.（前掲邦訳書, 449ページ）および, 森田章「第一章　会社経営者は誰に対して受託者であるのか」『会社法の規制緩和とコーポレート・ガバナンス』中央経済社, 2000年を参照。
17）Berle and Means, *op.cit.*, p.310.（前掲邦訳書, 446～447ページ）
18）*Ibid.*, pp.305-306.（同上邦訳書, 440～441ページ）

第 2 章
コーポレート・ガバナンス

❶ はじめに

　近年，コーポレート・ガバナンス（企業統治）問題が一般の新聞・雑誌などでも広く論じられるようになってきている。コーポレート・ガバナンス論争の直接的契機は，企業の業績不振，相次いで露呈される企業の犯罪・不正行為などによって，企業におけるステークホルダー（Stakeholder）と呼ばれる多様な利害関係者（株主，取締役，経営者，従業員，主要な顧客，主要な債権者，主要な供給業者，労働組合，政府機関，コミュニティー，同業者団体，等々）の利益が大きく損なわれた点に発端があるといわれる。

　こうした現実的・実践的観点から，企業の経済的パフォーマンスの向上はもちろんのこと，違法・不正な企業活動を防止する遵法経営（コンプライアンス），さらには企業の倫理や社会的責任（ビジネス・エシックス）などの問題も含めて，コーポレート・ガバナンス論に注目が集まっている。ガバナンス，コンプライアンス，エシックスは相互に密接な関連性を有する問題群であり，経営者に一定の「規律づけ」を与え，効率的なチェック＆モニタリング・システムの構築を目指す点においては論点を共有している[1]。しかしそれぞれ独自の射程を有している点，留意しておかなければならない。

　本章では，巨大株式会社における株主と経営者をめぐる制度的諸関係から，会社機関，特に取締役会構造の再構築に関して，当該論争の一潮流をなすアメリカにおけるコーポレート・ガバナンス問題の展開を中心に検討する。

2 支配論からガバナンス論へ

1 株式会社と株主

　コーポレート・ガバナンス問題自体は決して最近になって登場してきたわけではない。極端にいえば、株式会社制度が登場して以来の問題ともいえる。かのアダム・スミス（A.Smith）によっても、株式会社制度は投資家達が会社の事業を全く理解しようとさえしないために、株主や会社までをも犠牲にして怠慢で金使いのあらい取締役達に私腹を肥やす機会を与えるとすでに批判されているとおりである[2]。スミスの批判には時代的制約があるものの会社所有者である株主に対し経営者が支配者的地位を獲得し、自ら何らの出資もすることなく巨額の資本を自由に運用しうる可能性が指摘されているのである。それは株式会社の制度的諸特徴そのものに内在する問題点でもある。もちろん、株式会社制度は株主総会や取締役会など会社機関を通じて経営活動をチェック＆モニタリングするようアレンジされており、この制度上のメカニズムが十全に機能しうるならばガバナンス問題は発生しない。

　ところが規模のメリットを追求して、拡大される会社規模は大量の株式発行によって押し進められる結果、非常に多くの株式保有者を必要とし、個々の保有する持株比率も相対的に低下する株式の分散化傾向が生じる。やがて単独で取締役会メンバーを任免できるほどの有力な支配的株主も後退していくこととなる。巨大株式会社において、企業の所有者である株主はますます企業経営から後退し、自らは会社財産の運営には何ら関与せず、当該会社に対する諸権利を象徴する株式という紙片を保有しているに過ぎなくなっていく。また、株主数の増加は株主のもつ利害関心の多様化を生起させる。多くの株主にとって株式保有の主要な目的が利益配当や株価の上昇によるキャピタル・ゲインの獲得に移行し、会社所有者としてよりも投資家ないし投機家的な株主層が増大していく。株主総会での資本多数決原理に基づく統一的意思形成は、そもそも小口

出資の株主にとって意見の反映される可能性が低く，参加意欲さえそがれるのが一般的である。さらに，投資家にとって投資先企業の株価や配当の先行きに不安があれば株主総会において議決権行使＝「発言（VOICE）」をしなくとも，その株式を売却＝「退出（EXIT）」し，他のヨリ収益の見込めそうな株式への転換を図っていけばよい[3]。このいわゆる「ウォール・ストリート・ルール」に従って行動する株主は，企業経営への積極的な関与の意欲や関心が当初から希薄である。

他方，ますます大規模化する株式会社組織を効率的に運営するためには極めて高度な専門的知識と経験が必要になるとともに，経営者と株主との情報の非対称性の存在が，ますます専門経営者の優位性・相対的自律性を高めるよう作用する。所有と経営との乖離ないしギャップが常態化することによって，経営者が自己永続的存在となる「経営者支配」的状況がもたらされる。こうして株主の利益，あるいは会社までをも犠牲にして自らの私腹を肥やすような経営者の機会主義的行為の可能性が会社規模の拡大とともに現出する。この問題を近代株式会社において初めて包括的・実証的に論じたのはバーリー＝ミーンズ（A.Berle & G.Means）の『近代株式会社と私有財産』であることは，周知のとおりである[4]。

2　機関投資家の台頭

ところで，これまでガバナンス問題が具体的・実践的に議論されることはなかった。何故ならば，株主が会社に対し何らの影響力も持ち得ないとみなされる経営者支配的状況においては，当該問題に関して実際の企業経営に積極的効果を与える可能性がほとんど期待できなかったからである。ところが近年になって株式保有構造上に「株主反革命」とさえいわれるほどの大きな変化が生じる[5]。今日の株主の多くはバーリー＝ミーンズが前提としていた個人株主ではない。もはや個々人の拠出しうる資金によって今日の株式会社の大規模化を支えることはできない。やがて年金基金や投資信託に代表される機関投資家や

他の事業法人などの非個人株主が主要な株式保有者として台頭するようになる。巨額の資金を擁する機関投資家が資金運用の一環として株式への投資を順次拡大し，やがて大企業・成長企業の株式の大半を保有するに至ったのである。もっとも，株式保有構造を個人レベルで見れば，バーリー＝ミーンズが指摘したようにますます分散化傾向にあるが，同時に非個人レベルでは集中化傾向にあるという「株式保有の二極化構造（bipolar structure of stock ownership）」が，今日の巨大株式会社企業の一般的現象となっている[6]。

　本来，機関投資家は「ウォール・ストリート・ルール」に従って株価や配当の先行きを予測しつつ保有株式の入れ替えをする。ところが，機関投資家への株式の集中化は，自らの保有する株式を市場で売却しようとすれば，その圧力でさらに株価の下落をもたらすほどの保有規模に達しており，機動的にEXITすることが困難となっている。また株式保有が非個人レベルに集中しているとはいえ，機関投資家は独自の投資ポートフォリオに基づく分散投資をしており，また持株規制などからも単独で企業を支配できる保有レベルにはない。もちろん，特定の大株主が提携し連合体（coalition）を形成することによって「利益連関集団を通じての支配（control through a constellation of interests）」が可能である[7]。しかし通常，機関投資家達は相互に競争状態にあり，連合体形成の組織的基盤を欠き，当該企業に対する持株比率も異なることから，最低限の範囲でのみ共通の利害を見出すにすぎない。また，たとえ連合体を形成し得たとしても，他の連合体によって対抗される可能性もある。

　ある機関投資家が成功裏に委任状争奪戦（proxy fight）を行うためには大規模なＰＲ活動を通じて他の大多数の株主の積極的支持を得る必要がある。さらに機関投資家の多くは個々の企業経営には本来無関心であり，巨大企業経営に関する専門的知識・情報も一般に不足しているためVOICEの具体的内容については外部の専門家を必要とする。こうしたＰＲ活動や専門家への手数料・顧問料などのコストは莫大であり，そのコストに見合う収益も保証されているわけではない。このため当該企業への投資を継続せざるを得ないことによる損失を最小限に抑えようとすれば，自らVOICEを行おうとせず他の株主の

VOICEにただ乗り（Free Ride）する方が合理的選択となる。それゆえ，ほとんどの株主がフリー・ライダーであることを期待することによって「株主アパシー」が生じ，結局はだれもVIOCEを行うことがないまま企業経営の業績改善がなされない可能性がある。

しかし，機関投資家にはその背後に年金受給者を始めとしてさまざまな個人の財産委託者が存在する。投資の失敗は機関投資家の損失であると同時に，背後にいる真の受益者個々人の資金損失にも結びつく。機関投資家には，そうした委託者に対する受託責任を果たすためにも投資による損失を回避しなければならない義務がある。先行きに不安感を持ちながらも容易にはEXITできない機関投資家にとって残された道は，市価より高い価格で株式を買いつけるTOB（Take-Over Bid＝株式公開買付け制）という方法でM&Aを行う仕掛人へ保有株式を譲渡する方法が最も合理的な選択肢となる。

3　市場型ガバナンスの無機能化

ところで，アメリカにおけるコーポレート・ガバナンス・メカニズムは株主利益の最大化に方向づけられた「市場型ガバナンス」であるとされる[8]。事前に投資信託や格付機関によるチェックがあり，事中は取締役会と各種委員会によってモニタリングされ，事後的には会社支配市場を通じてガバナンスがなされるというメカニズムである。株式会社の大規模化とともに生じた株式の分散化傾向は，同時に株式市場に高度な流動性をもたらし株価や収益性の低迷している企業がM&Aによって駆逐される会社支配市場（Market for Corporate Control）の活発化へと導いた。特に，機関投資家がM&Aを評価する理由として，この流動的会社支配市場が経営者に対する「規律づけ」として作用することによって効率的企業運営が期待される点，また実際にM&Aの仕掛人に保有分を譲渡しなくとも敵対的M&Aの可能性が経営者に一定の「規律」を与える有効な手段であるとされる点，さらに敵対的M&Aは必ず業績不振な企業に対してなされるという仮定がある。このような制度的要件と市場機構の「見えざ

第Ⅰ部　企業と制度

る手」による調整に対する社会的期待を前提として，1980年代後半にはM＆Aブームと呼ばれるほどに会社支配市場が活発化していく。

　しかし，この会社支配市場が経済的意味における資源の最適配分を保証する経験的証拠はどこにもない。むしろ逆に，敵対的M＆Aがその仕掛人や仲介機関の手数料収入のために将来性ある企業に対してもなされる可能性がある。実際，1980年代のM＆AブームはM＆A自体を金融ビジネスとする仕掛人らによって投機的に利用され，頻繁なM＆Aによる企業活動の不安定化や失業率の増加が社会的問題として顕在化したとおりである。そこで，各州の裁判所は，M＆Aの際に多様なステークホルダーの利害考慮を義務づける判例を採用するようになり，金融ビジネスとしてのM＆Aに一定の歯止めが掛けられるに至る。さらにこのとき，経営者は自己保身と敵対的M＆Aから経営の安定性を確保するため，さまざまな防衛手段を講じ，特にゴールデン・パラシュートやポイズン・ピルといった対抗策[9]が会社支配市場による経営者への「規律づけ」機能を無力化する方向に作用した。またこのM＆Aブームは，そのキャスティング・ボードを握る機関投資家の短期的利益志向によるものとされ，アメリカ企業の国際競争力を低下させる一因をもなしたとする社会的批判が高まっていく。

　こうして会社支配市場のガバナンス機能や意義が問い直されるなかで，個別企業におけるガバナンス構造の再構築がクローズ・アップされるようになる。もちろん，機関投資家の主要な利害関心である株価や配当性向を投資先企業が満足しうるレベルに維持している限り，彼らは専門経営者による支配的地位の占有に対し一定の「忠誠（Loyalty）」を保っている。つまり機関投資家にとって，昨今のようなガバナンス問題が具体的に論じられ，実際に積極的株主活動として展開されるに至った直接的契機は，まさに企業の経済的パフォーマンスの全般的低迷にあるといえる。VOICEもEXITも容易にはできなくなってしまった機関投資家にとって，経営者をチェック＆モニタリングし株主の利害に沿った経営を行うよう規律づけるガバナンス構造の再構築こそが最も合理的選択肢となったわけである。ただし，企業の経済的パフォーマンスの向上こそがガバナンス問題の中核であり，配当や株価と結びつく限りで企業の業績が改善

されるとともにガバナンス問題も決定的に解消されるというわけではない点, この際付言されてよいであろう.

三 株主利益最大化と諸ステークホルダー

　私的所有権は資本主義的社会システムの根幹を支える最も重要な権利である。株式会社制度において，株主は資本提供者であり会社所有者である。その意味で株主＝所有者という一元的構図から＜企業は株主のもの＞であり，株主の利益に沿った経営がなされるようガバナンス・メカニズムも構築されるべきであるというアングロ・アメリカ型の極めて明瞭な問題設定がなされるのは当然であろう。しかし，株主（プリンシパル＝主人）と経営者（エージェント＝代理人）という関係のみからコーポレート・ガバナンスの再構築を志向することにはいくつかの問題点が挙げられうる[10]。

　第1に，法制度上，企業の所有者は資本提供者であり，同時に危険負担者を指す。本来，所有者には所有対象物に対する全責任（Responsibility）が負わされているのに対し，株式会社における株主は出資額限度の有限責任（Limited Liability）である。例えば会社が破産した場合，株主は出資した以上のものを失うことがないのに対し，債権者はその請求価値を減少させた上で残余請求者となるのが一般的である。

　第2に，株主の所有権（使用性）は，最高意思決定機関である株主総会における議決権行使を通じて行使される。株主は一般的に，株式保有の機会コストを削減するために経営者行動をチェック＆モニタリングするインセンティブを充分に有していると考えられる。株主が実際にチェック＆モニタリングするには，事業内容に関する専門的知識や詳細な事業情報など，膨大なコストを要する。こうしたモニタリング・コストを負担するかどうかのインセンティブは，チェック＆モニタリングによる企業価値の増大が株式売却の際に予想される価値の減少を上回ることが保証される場合に限られる。通常，こうしたモニタリ

ング・コストを負担するより株価・配当などが満足しうるレベルにあれば現状の追認を意味する白紙委任状の提出を選好する。ところが実際は，白紙委任状はおろか株主総会の開催さえ多くの企業で危ぶまれるほど，企業経営に対してほとんどの株主は無関心となっているのが現状である。こうした点から翻って，株主の「所有者」としての責任が問われてくることになる。

　第3に，株主の大多数を占める投資家は自己の利益を極大化するために，少なからず「賭博的心情」をもって頻繁に行われる株式売買のなかで当該企業の株式保有者となっているにすぎない。金融市場は短期的かつまた近視眼的であり，株主は自らの長期的利害が何であるかを理解していない場合がある。株主は短期的利得を選好し，長期的費用のかかる研究開発や市場拡大戦略などへの継続的投資を志向する会社の株価を過小評価し簡単に売却する傾向がある。株主の利害にのみ沿った企業経営を強調することは短期的利益志向に陥りやすく，株価や配当の維持・上昇のために工場閉鎖や解雇などを選択する傾向を強める。このとき，企業の長期的競争力を削ぎ落とし企業価値の低下へと導く危険性を増大させ，また長期的企業成長を志向する他の諸ステークホルダーの利害が犠牲にされる可能性がある。

　第4に，株主主権の立場からガバナンス構造の再構築に当たって志向されている株主利益の最大化は，企業の長期的成長や存続よりも短期的に企業価値を増大させうる非常に危険な経営戦略の採用を経営者に選択させるかも知れない。短期的には莫大な利益をもたらすが同時に危機的状況をももたらす可能性の高い戦略を採用した場合においても，株主は実際に危機に陥る前に保有株式を売却できれば良いと考えるかも知れない。証券市場を通じて株式の売却が保証されている株式保有者にとって，会社の長期的成長や存続を犠牲にして自らの利益を追求する選択肢がありうる。これに対し諸ステークホルダー，特に企業価値最大化に最も貢献しうるとされる長期雇用の従業員は，企業特殊的人的資本の投資によって当該企業と抜き難く深くコミットメントしている。実際上，どちらのリスクが大きいかは自明であろう[11]。

　この点から，今日の巨大企業は企業活動の社会的広がりによって企業と何ら

かの利害関係を有する全てのステークホルダーの利害を考慮する必要があるという視点が重要な意味をもってくる。フリーマン（R.E.Freeman）によれば，「ステークホルダー」とは企業の存続に直接的な利害をもち，彼らの支援なしには組織を運営し得ないような人々ないし集団のことを指し，それぞれに多様な利害をもって当該企業と相互作用している利害関係者を意味する[12]。今日の企業は経営戦略の策定・実行，あるいはまた経営行動における社会的影響力の大きさから，多様な利害関係者の利害（Stake）を無視することはできなくなっている。企業は経営戦略の策定・実行に当たり彼らの支援なしにはスムーズな活動が不可能であり，諸資源の効率的使用という観点からも多様なステークホルダーの利害考慮が不可欠である。そのため経営者にとって，諸ステークホルダーの利害を比較考量し調整・均衡させることが経営上重要な課題の1つとなっている。

以上のことから，株主のみならず多様なステークホルダーも含めた「多元的」視点がガバナンス構造の再構築において強調されてくる。もはや株主主権の「一元的」構図から株主利益の最大化をもってコーポレート・ガバナンス問題は解決し得ないと考えられている。このことはまた，現代の巨大企業が所有者である株主の単なる私的利益追求の手段ではなくなってしまったことを意味している。そこにコーポレート・ガバナンス論の核心に「企業とは何か」「企業は誰の利害に尽くすべきか」という問題があり，同時に現代資本主義社会そのものに対する問題提起も含まれてくる所以がある。

4 取締役会の独立性

ところで，具体的なコーポレート・ガバナンス構造の再構築は諸ステークホルダーに甚大な不利益を与えたとされる経営者の敵対的M&Aに対する防衛手段の廃止を要求する株主提案から進められた。これは会社支配市場の再活性化を通じて経営者への規律づけ機能の確保を企図したものであると考えられる。

それと同時に，経営者による重大な利益背反の危険性を考慮して，CEOと取締役会会長との人格的分離，多様な社外取締役の導入・増員や社外取締役のみによる報酬委員会の構成など取締役会や各種委員会の再構成が，個々の企業の実状を考慮して進められてきている。

　機関投資家の株主活動は株価や配当と結びつけられていると一般に仮定されるが，取締役会や各種委員会の再構成は金銭的利益を増大させる可能性や短期的な経済的パフォーマンスの向上を直接的にもたらすものではない。バガート＝ブラック（S.Bhagat & B.Black）の調査によれば[13]，社外取締役の増員によって0.2％の株価上昇が見られた。しかしながら企業のライフサイクルや経済状況と切り離して相関関係を分析できないため，この数値は統計的有意性はあるものの経済的意味はないとし，取締役会構成と企業パフォーマンスとの間に明確な相関関係は見出せないとバガート＝ブラックは結論づけている。また，バガート＝ブラックは当該企業と利害関係のない社外取締役の比率が60％を超える取締役会においては，企業パフォーマンスの悪い場合にCEOの解任に関して積極的であるが，実際に取締役会によるCEO解任の頻度は少ないとも報告している。

　それにもかかわらず，コーポレート・ガバナンスのコンテクストにおいて取締役会の再構成が主要な問題とされるのは，取締役会や各種委員会が機関投資家らにとって次善の利害表明の場としてクローズ・アップされているからである。また同時に，形骸化した会社機関を活性化させ経営者に対する規律付けとチェック＆モニタリング機能の強化・補強も意図されているは当然であろう。ただし，株主利益の最大化を志向する株主主権の立場からすれば，経営者が株主の利益を第一に擁護するようチェック＆モニタリングできる取締役会構成の再構築が企図されて然るべきである。しかし，実際のガバナンス構造の再構築においては取締役会の独立性，客観性，ないし透明性の確保が決定的な重要性をもっている。典型的な例は，業績の好調なW・ディズニー社に対してTIAA－CREF（大学教職員退職年金基金）が行った株主提案である。TIAA－CREFによれば，ディズニー社の取締役会構成は16人中13人の取締役に独立

第2章　コーポレート・ガバナンス

性はなく，報酬委員会など3つのキーとなる委員会に当該企業と個人的な利害関係を有するメンバーが含まれているとして，取締役会の独立性を高めるよう株主提案を行った。このとき，委任状・議決権行使アドバイザーのISS社は「取締役会がトップ・マネジメントと会社の全体的管理に関して客観的監視を行いうる独立体であるべきだということこそ，コーポレート・ガバナンスの基本的教義である」として，TIAA－CREFの行動を評価し支援している[14]。株式の長期的保有を前提とした場合，たとえ現在の業績が好調であったとしても，将来的に重大な利益背反の可能性があればガバナンス内容が問題とされることを，この事例は示している。

　もちろん，機関投資家の株主活動は投資価値を高めることに一義的に方向づけられている。だたし，機関投資家は短期的な利益獲得を志向する市場近視眼的な「投資家」としてではなく安定的「株主」として長期的に企業価値の拡大を目指す「リレーションシップ投資」へと投資戦略を方向転換しているのである[15]。新たなガバナンス構造によって株主にヨリ有利な決定の下されることが保証されるならば，長期的には株主および機関投資家の顧客の利益と結びつくというスタンスを機関投資家がとりだした点が決定的な相違である。

　このことを経営者側から見れば，社外取締役の存在は訴訟に対する安全弁として作用しうるし，企業価値の拡大において結びついた経営者と株主の同盟関係は，経営の安定性と経営者の相対的自律性を確保するための安定株主工作とも考えられうる。しかし少なくとも，コーポレート・ガバナンスに積極的な機関投資家は所有者的存在としての自覚を高めていると考えられる。実際，わが国の企業に10億ドル以上の投資をしているカルパール（カリフォルニア州職員退職年金基金－CalPERS）の日本企業向けコーポレート・ガバナンス原則によれば，「株主は企業の所有者としての責任（Responsibilities）を行使する義務を負っている……（中略）……株主，特に機関投資家は，その投資が健全であること，投資先企業の経営者が有能で，責任あるリーダーであることを保証する責任がある」として，いくつかのコーポレート・ガバナンス構造の改革提案を行っている[16]。もちろん機関投資家の株主・所有者としての責任は，彼らに資

27

金を委託した個々人に対する受託責任に基づくものであり，広い意味での社会的責任を負うというものではない。たとえその意思を機関投資家がもっていたとしても，彼らの限定された権利・役割から見て関与できる問題ではない。むしろここで重要な点は，その保有規模から見て機関投資家も企業所有者の一員であるとする自己規定と，所有者の所有対象物に対する責任から多様な諸ステークホルダーの利害考慮・利害の調整を経営者に公正に行わしめる役割を自らに課すことから派生してきた取締役会の独立性確保の主張である。

　株主の利害に敏感すぎる取締役会構成では，市場の短期的圧力によって長期的な企業価値が犠牲にされる可能性がある。また逆に，経営者や当該企業と利害関係を強くもっている取締役会構成では，株主の利益が犠牲にされる危険性がある。どちらか一方の利害が犠牲にされた場合に生じる重大な利害コンフリクトを回避するためには，株主と経営者とのパワー・バランスを図るよう取締役会の独立性・中立性を確保するのが合理的な選択となるのである。

　ところで，取締役会の独立性はメンバー構成における社外取締役の位置づけによって保証される。一般に社外取締役は，当該企業独自の事業情報へのアクセスが特に容易であったり株主の代表者として株主利害をより適切に表明できるとは限らない学者や弁護士，元政治家など多様な人材が選任される。しかし，社外取締役が両者の利害から独立性・中立性を確保していることによって，経営者の意思決定や企業パフォーマンスに対する客観的評価能力が高まり，株主にとっては経営判断のミスを未然に防ぐこと，経営者にとっては有益な助言の得られることが期待されるのである。また，取締役会の独立性は諸ステークホルダーの利害が結果として擁護される可能性を高める。こうした点から取締役会の独立性は，健全なガバナンス構造に決定的な意味を与えるのである。

第2章　コーポレート・ガバナンス

5　むすび

　本章において，アメリカのコーポレート・ガバナンス構造の再構築に関する展開から，一般に前提とされている株主主権の論理が極めて不安定なものになっていることが明らかとされた。これは，機関投資家が1980年代後半のM&Aブームの経験から学び，行動指針を修正してきた結果である。特にカルパースのような大規模な機関投資家にとって投資先企業のROIやPERなどの指標から短期的利益を追求して機動的な投資銘柄の変更は極めて困難である以上，経営者との同盟関係において利益を確保する必要性に迫られたからである。経営者の長期的戦略策定志向を認めることが，結果として株主の長期的利害に結びつくとされる。長期的・安定的株式保有を前提としたとき，始めてコーポレート・ガバナンス構造の再構築が具体的・実践的な課題として前面に押し出されてくるのである。

　もっとも，すべてに妥当する最適なガバナンス・メカニズムは存在し得ない[17]。コーポレート・ガバナンスの再構築には資本主義システムの進化経路を考慮した議論が必要である。なぜなら，コーポレート・ガバナンス構造を実質的に機能させるのは，その国や社会の歴史的・文化的・社会的諸関係が決定的な意味をもつからである。既存のコーポレート・ガバナンス・メカニズムは，ある特定の金融制度や証券市場，労働市場，さらには教育，文化などの諸制度と一定の補完性をもって形成され機能する。コーポレート・ガバナンス問題を単にシステム構成の問題としてガバナンス構造の再構築を押し進めるならば，諸制度相互にズレが生じ社会的な軋轢を生み出す危険性があることにも留意しておくべきであろう。

（注）
1）　植竹晃久・仲田正機編著『現代企業の所有・支配・管理』ミネルヴァ書房，1999年。

第Ⅰ部　企業と制度

2) Smith, A., *An inquiry into the nature and causes of the wealth of nations*, London, 1776.（水田　洋監訳，杉山忠平訳『国富論』岩波文庫，2000年）
3) Hirschman, A.O., *Exit, Voice and Loyalty*, Harvard Univ., 1970.（三浦隆之訳『組織社会の論理構造』ミネルヴァ書房，1980年）
4) Berle.A.A.and G.C.Means, *The Modern Corporation and Private Property*, Macmillan, 1932.（北島忠男訳『近代株式会社と私有財産』文雅堂銀行研究社，1958年）
5) Drucker, P.F., *The Pension Fund Revolution*, Tuttle-Mori Agency, 1996.（上田惇生訳『(新訳)見えざる革命』ダイヤモンド社，1996年）
6) 植竹晃久『企業形態論』中央経済社，1988年。
7) Scott, J., *Corporations Classes and Capitalism*, Hutchinson, 1979.（中村瑞穂・植竹晃久監訳『株式会社と現代社会』文眞堂，1983年）
8) 宮本光晴『変貌する日本資本主義』ちくま新書，2000年。
9) 具体的内容は，新納徳男著『アメリカ企業経営を知る』有斐閣ビジネス，1988年に詳しい。
10) Blair, M.and Stout, L., "The Team Production Theory of Corporate Law", *Virginia Law Review*, Vol.85, No.2 (March 1999), pp.247-328.
11) Blair, M., "Firm-Specific Human Capital and Theories of the Firm", in *Enployees and Corporate Gavernance*, Blair, M.and Roe, M. (eds.), Brookings, 1999, pp.58-90.
12) Freeman, R.E., "Strategic Management : A Stakeholder Approach", *Advances in Strategic Management*, Vol.1, 1983, pp.31-60.
13) Bhagat, S.B.and Black, B.S., "The Relationship Between Board Composition and Firm Performance", in *Comparative Corporate Governance*, Hopt.K.J.Kanda, H.and Roe, J. (ed.), Oxford, 1998, pp.281-306.
14) http://www.cda.com/iss/current.htmlに詳しい。
15) 機関株主における所有者的役割の強調については，Monks, R.A.G.and, N. Minow., *Power and Accountability*, Harper-Collins Publishers Inc., 1991. 参照。
16) http://www.calpers-governance.org/principles/international/japan/page01.aspに詳しい。
17) 青木昌彦・奥野正寛・岡崎哲二編著『市場の役割　国家の役割』東洋経済新報社，1999年を参照。

第3章
企業倫理（ビジネスエシックス）

❶ はじめに

　日本において企業倫理はバブル経済崩壊後，大企業の不正事件の相次いだ1990年代初めから盛んに議論されるようになった。そして企業の倫理綱領（code of conduct）もしくは行動規範を採択する企業が増加した。しかし，これがそのまま日本における企業倫理の制度化の進展であるとはいいがたい。本章においては企業倫理が企業にとって不可欠のものであり，個々の企業が倫理的価値観を企業内に内在化させることの重要性を考察するものである[1]。
　第1に，企業倫理が実業界と同様にアカデミズムの世界でいかに進展し，1990年代に1つの学問領域となっていったかを述べる。第2に，企業が企業倫理を制度化させるために企業倫理が経営戦略と関連づけられる理由を述べる。第3に，企業の社会的責任と経営戦略の関係とを比較しながら，企業倫理と経営戦略の関係を考察する。最後に，エプスタイン（E.M.Epstein）の「経営社会政策課程」[2]が個々の企業が経営戦略によって企業倫理を制度化する最も有効なフレームワークの1つであることを提示する。
　エプスタインによって「企業倫理に対する広範な関心は，国民的危機の時期（第2次世界大戦，ベトナム戦争，ウォーターゲート事件）の後に，もしくは芳しからざる企業行動の証拠が暴露されたときに，最も活発に表面に現れるものである」[3]と指摘されたが，このような状況は近年の日本でも認められるものである。特に最近の企業の倫理的問題（薬害エイズ事件，大規模金融機関による不正融資）などは，企業を単に利潤追求体とみなすことを不可能にさせ，公衆のため

第Ⅰ部　企業と制度

に本来あるべき行政機関などと同様に企業にも倫理が必要なことを示している。倫理を求めるこのような動向は「倫理」や「倫理的判断」というものが企業にその重要性が，認識され実践に移されるまで止まらないであろう。

　かつて，いくつかの企業による公害問題や石油危機の時の商社による狂乱物価などによって，日本においても1960年代から70年代に企業の社会的責任が議論となった。しかしながらその後企業の社会的責任が一貫して継続的に論じられることはなかった。高は，「この段階で，企業の社会的責任という基本的な概念を支持するような倫理的理論に対する系統だった関心がなかった」[4]と指摘する。

　さらに1980年代の終わりに，企業倫理という概念が学問的観点から導入されたが，その時はまだ限られた意味でしか考えられていなかった。例えば，高田によれば，「経営倫理論（Business Ethicsを高田は経営倫理と訳した）は，社会的責任論の不可欠の構成要素となり，価値前提論・道徳基準論によって社会的責任論全体を再構成する」[5]とした。これに関して中村は「日本では一般に企業倫理を『企業の社会的責任』という伝統的な概念のうちに包含ないし解消させて理解する傾向が強い」[6]と指摘する。

　それが1990年代になって，学問的にも実務的にも企業倫理に対する関心が大きくなり，日本においても1つの学問領域として認知され始めた。実業界においては90年代，特に97年から98年にかけて企業の倫理綱領ないし行動規範の採択が進展し「1997年10月の時点で71％の企業が倫理綱領あるいはそれに相当する文書を採択していると答えた」[7]と指摘されている[8]。

　1991年の日本生産性本部（現在の社会経済生産性本部）の調査『企業倫理の制度化に向けて』では回答企業の30％が行動規範をもっているという状況からすれば，これは日本において企業倫理の認知もしくは制度化が進展していることを意味するのであろうか。

第3章 企業倫理(ビジネスエシックス)

2 日本における最近の企業倫理に対するアプローチの限界

1 日本における企業倫理の制度化の限界

　日本企業のなかでも企業の倫理的行動を促すために企業倫理の制度化やコンプライアンス(compliance)，すなわち法令遵守などが取り組まれるようになった。しかしこれらのアプローチにはいくつかの限界があると考えられる。ここでは企業倫理が経営戦略に関連する理由を示すためにこれらのアプローチの問題を検討する。前述のように，倫理綱領を採択する企業が増加していることは，日本企業の間に企業倫理が広がっていることを示しているのであろうか。
　50％以上の企業が倫理綱領を採択しているものの，この割合はアメリカ企業に比較すると低い[9]。アメリカにおける企業倫理の制度化の進展には社会的，法的システム，例えば「軍事産業イニシアチブ(Principles of Defense Industry Initiative on Business Ethics and Conduct：いわゆるDII原則)」や連邦量刑ガイドライン(the Federal Sentencing Guidelines)や国の歴史などが関係している。
　まず企業倫理の制度化とは企業倫理の実践を確実なものとするために，「考案された特定の制度・機構・手段などを整備・設置・採用することにより，企業倫理の実現を客観的に保証し，組織的に遂行すること」[10]である。
　そして「企業倫理プログラムの一般の構成は，訓練活動，倫理的行動の監査・評価の公式化された手続き，倫理的期待の不履行に対する懲戒的処置，倫理ホットラインや公式の倫理担当部署・役員や倫理的政策・手続きを設定および評価する職能横断的委員会の設置など」が含まれる[11]。
　それでは企業倫理綱領の採択は倫理的な企業行動を促せるのであろうか。それが実際に有効であるかどうかを調べることは容易でない。しかしながらそれ以前の問題として日本における倫理綱領が経営理念や社是社訓の域を出ていないことがしばしば指摘される[12]。
　さらに日本企業は倫理綱領の採択で十分であると認識し，綱領の採択を「パ

第Ⅰ部　企業と制度

ブリック・イメージ・プログラム」[13]と考える傾向にある。それらは企業倫理に対して表面的な理解にとどまっており，制度化のための次の段階に進もうとしない。倫理綱領の採択は制度化のための最初のステップに過ぎず，倫理委員会の組織化や倫理教育プログラムやホットラインの設置や倫理監査などの他のプログラムは重要とみなされず，日本企業全体として十分に確立されていない[14]。もしこれらのプログラムがある企業で表面的にしか制度化されなければ，それはかえって企業倫理を低く評価していることになるであろう。ゆえに倫理的価値を個々の企業に具体化し，制度化を有効ならしめるために企業倫理は経営戦略に関連させる必要が出てくるのである[15]。

2　コンプライアンス・アプローチの限界

　1990年代の終わりから，日本においても「コンプライアンス・アプローチ」あるいは「コンプライアンス・マネジメント」という概念が注目されるようになった。

　特に，金融機関は1998年に発足した金融監督庁（現金融庁）の検査基準に適合するためにコンプライアンス・プログラムに対して真剣に取り組み導入した。本章においてコンプライアンスは法令遵守すなわち「法に従うこと」と限定して考える[16]。法律の制定は一般に事後的なものなので，有効な法律がない場合（もしくは法律それ自体が実質的に有効な意味がない場合）には，組織の誠実さ（organizational integrity）というものがより重要になる。特に大企業のなかでグローバル化の進展によって，ある国で起こった事がすべての国際取引に瞬時にかつ広範に影響をおよぼすようになっている。最近の日本の金融機関の海外での不正事件などが示すように，最悪の場合進出国での活動が禁止されることもある。もっともそれらは実際に違法であったのだが，重要な点は経営者が問題にどのように対処したかである。つまり，企業が倫理綱領，またはコンプライアンス・プログラムをもっているかどうかということが問題なのではなく，企業の行動が倫理的であるかそうでないかなのである。海外で活動する企業は

第3章　企業倫理(ビジネスエシックス)

進出国の法に従うべきであり，さらに適当な法律が存在しない場合より倫理的であることが必要とされる[17]。

コンプライアンス・アプローチはより倫理的であることよりも，法に従うことを第1のこととする。ペイン（L.S.Paine）はこのアプローチについて，「このアプローチの基礎を成すモデルは抑止理論であり，人々は自己利益を合理的に最大化するものであり，個人の選択の費用便益に応じ，その選択の道徳的正当性には無関心であると想定する」と述べている[18]。ゆえに，このアプローチでは企業が倫理的であるには不十分であり，後に述べるような別のアプローチが必要とされる。

三　経営戦略と関連づけられる企業倫理

1　企業の社会的責任と経営戦略

これまで主にアメリカにおいて社会と関連して経営戦略[19]を扱ってきたのは主に「企業の社会的戦略」（corporate social strategy）として「企業と社会」（Business & Society）あるいは「経営における社会的課題事項」（Social Issues in Management）の分野であった。それは企業の社会的責任（corporate social responsibility）[20]や企業の社会的即応性（corporate social responsireness）[21]の観点から研究されてきた。企業の社会的責任とはポストらによれば，「企業はその活動に影響を受ける人々，地域社会，環境に義務を負うべきである」[22]という。キャロル（A.B.Carroll）は企業の社会的責任をピラミッド構造モデルによって説明する[23]（図表3-1を参照）。この中で経済的責任は法的，倫理的，社会貢献的責任など他の責任の基礎となる。彼は「すべての企業の社会的責任は企業の経済的，法的，倫理的，社会貢献的責任のすべてを同時に満たす必要がある。よりプラグマティックに経営用語でいえば，企業の社会的責任のある企業は，利益をあげ，法に従い，倫理的であり，良き企業市民である

35

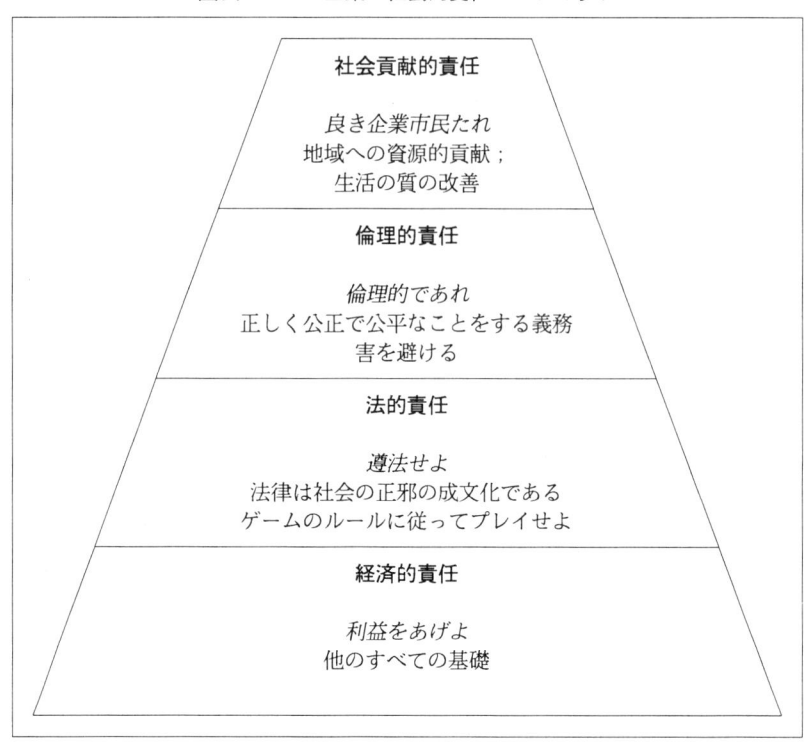

図表 3 - 1　企業の社会的責任のピラミッド

```
           社会貢献的責任
        良き企業市民たれ
        地域への資源的貢献；
        生活の質の改善

         倫理的責任
       倫理的であれ
     正しく公正で公平なことをする義務
        害を避ける

       法的責任
      遵法せよ
    法律は社会の正邪の成文化である
    ゲームのルールに従ってプレイせよ

     経済的責任
    利益をあげよ
   他のすべての基礎
```

（出所）　Carroll, A.B., "The Pyramid of Corporate Social Responsibility", *Business Horizons*, July-August, 1991, p.42.

ことに努めるべきである」[24]と述べる。

　キャロルは企業の社会的責任のピラミッドは経営者が諸利害関係者を扱うのを容易にすると仮定する[25]。本章では，経済的責任は株主への責任と同概念とし，すべての企業の社会的責任に含まれるものとはせずに社会的責任とはここでは分け，継続事業体としての企業本来の「経済的機能」として捉える。「経済的機能」とは，「企業組織が希少な財貨・サービスを生産・流通し，株主のための十分な利益を創出する」ものである[26]。

　また企業の社会的責任に関して，キャロル＝ホイ（Carroll & Hoy）は企業の社会政策（corporate social policy）を戦略的経営過程に統合しようとする。

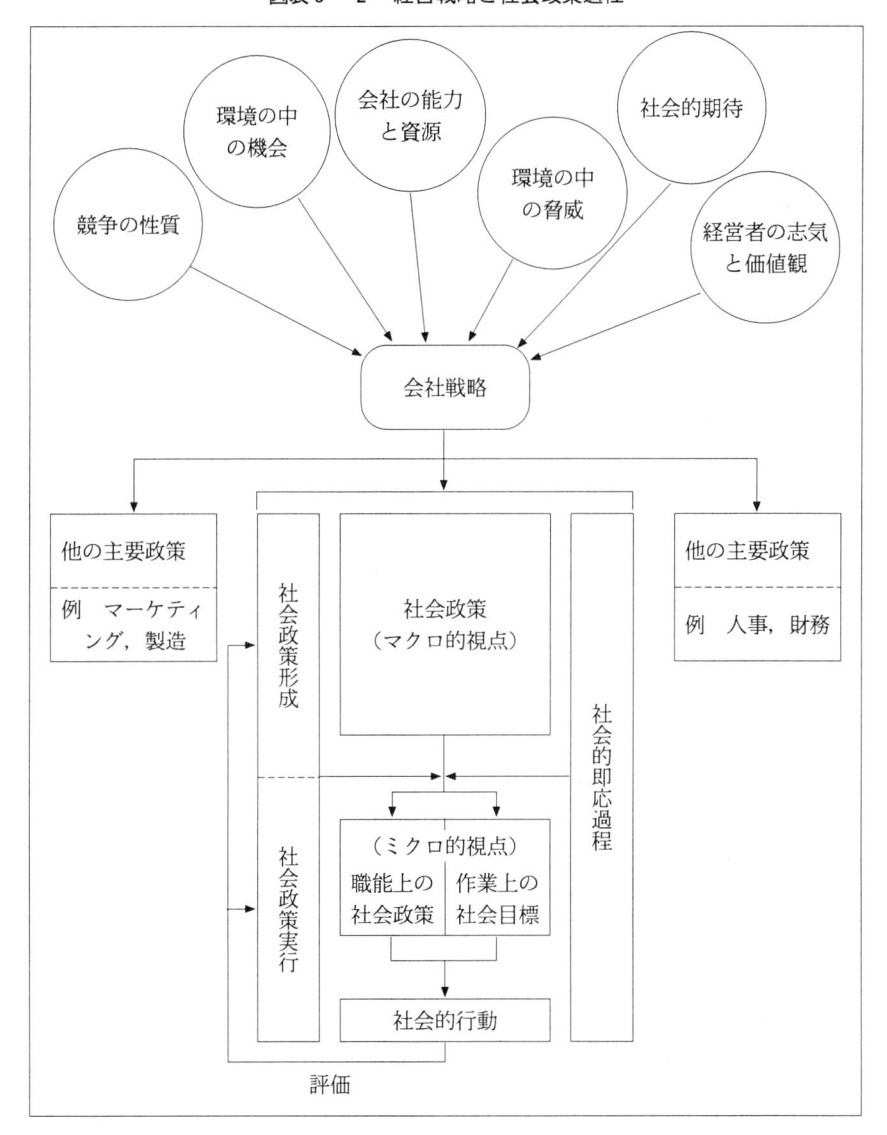

第3章　企業倫理（ビジネスエシックス）

図表3－2　経営戦略と社会政策過程

競争の性質／環境の中の機会／会社の能力と資源／環境の中の脅威／社会的期待／経営者の志気と価値観
↓
会社戦略
↓
他の主要政策（例　マーケティング，製造）　｜　社会政策形成・社会政策実行　｜　社会政策（マクロ的視点）→（ミクロ的視点）職能上の社会政策／作業上の社会目標 → 社会的行動　｜　社会的即応過程　｜　他の主要政策（例　人事，財務）
評価

（出所）　Carroll, A.B.and F.Hoy, "Integrating Corporate Social Policy into Strategic Management" *The Journal of Business Strategy*, Vol. 4, No. 3, 1984, p.54.

「戦略形成プロセスは社会的課題事項や責任を政策決定の要素の1つとして取り入れなければ不完全である」。そして「経営者は経済的領域と同様に社会的領域にも判断や知識を用いるべきである」と強調する[27]。社会政策は他の主要な政策と同様，経営者の意思決定事項とされる（図表3－2を参照）。しかしながらそこにおける社会政策はあくまで主要な政策のなかの1つとして扱われる。これが「企業と社会」(Business & Society) の分野での特徴であるといえよう。そこでは経済的責任もしくは義務と他の責任などを常に均衡させる必要があり，そしてそれらの間の緊張は予測が難しいなかで，対応を迫られるものである。しかしながら，ミンツバーグ（H.Mintzberg）によれば，「戦略は行動の順応性ではなく規則正しさに関するのであり，不連続性ではなく連続性に関わる」[28]のである。ゆえに，戦略は企業倫理に密接に関わり，企業倫理の領域の問題である個々の企業の基本的姿勢を確立することは，それぞれの義務を均衡させることより，より重要であると考えられる。もちろん社会的責任は重要であるが，企業倫理の有する特徴と企業の社会的責任のそれとを区別して理解し，前者の方が企業にとってより本質的な問題であることを認識する必要がある。

2　企業倫理と経営戦略

　企業倫理の領域と企業の社会的責任の領域は重なるものであるが，両者とも異なる視点を有する[29]。企業倫理の定義はさまざまであるが，ベラスクイーズ（M.G.Velasquez）は「企業倫理は道徳的正邪の専門の研究であり，特に道徳的基準をいかに企業の政策，制度，行動に適用していくかに集中する」[30]とする。

　本章では，「企業倫理，より広くは企業文化の基礎を成す価値観は現実の『最低線の』課題を提示する」[31]ことを強調する。キャロルは企業の社会的即応性・企業の社会政策（CSP）・企業倫理や利害関係者理論・管理は，企業の社会的責任の「代替的概念やテーマ」であるとした[32]。しかし，企業倫理は新しいものではなく，その分析の範囲はマクロレベルから個々の企業レベルに至

第3章　企業倫理（ビジネスエシックス）

る[33]。本章でこの概念を論ずるときには組織レベルに焦点をあてる。

　キャロルは倫理的責任を彼のピラミッドモデルの一要素として考え，企業倫理や他の概念を認めながら企業の社会的責任をそれらの中心とした[34]。しかし，前述のとおり，企業倫理は「社会政策」のような全企業政策の一要素ではなく，企業全体に行きわたらせる規範であり本質的な影響力のある概念である。「倫理はより大きな利益を引き出したり，より多くの従業員を一定の戦略計画に関係させうるための単なる道具ではない。権利を尊重する道徳的義務はその権利が本質的価値をもつがゆえに満たされなければならない」[35]。それはマーケティング，製造，財務，人事など各職能の基礎に置かれる必要があり，他の企業政策と同じレベルのものではない。つまり企業倫理は企業の社会的責任よりも経営戦略の基礎により適切に含められる。

　次に企業倫理と経営戦略の2つのアプローチを簡単に述べる。第1にフリーマン＝ギルバートは「個人計画企業戦略（the personal projects enterprise strategy）」を提示し，そのためのいくつかの原則を示す[36]。彼らは経営戦略の基礎に倫理を置くことを強調する。ギルバートは「外部からの倫理（Ethics from the outside）」と「徹頭徹尾倫理（Ethics already through and through）」という2つの枠組みを対照させ彼の論理を進める[37]。彼は後者を採用し，倫理的関心とビジネスの関心が人間社会の望みに集中し，われわれが作り出すあらゆる話のあらゆる文章で共存できるように1つの手段を提供する」[38]。彼の"Ethics Through Corporate Strategy"（『会社戦略による倫理』）は大きな試みであり，企業倫理が経営において本質的であることを強調する。

　第2に，リーダーシップ理論の観点から，ペインは企業倫理と経営戦略を論じる。彼女が経営者の積極的な関わりを強調し，組織の倫理を構築し管理する経営者の役割として4つの視点（倫理の枠組みを作る，組織を構築する，行動で模範を示す，外部からの挑戦に立ち向かう）[39]をあげていることは，注目に値する。一般に，（企業）倫理は抽象的なものとして受けとられやすいが，このアプローチはケーススタディをとおして企業倫理を具体的に学ぶ機会を提供する。

第Ⅰ部　企業と制度

4　経営戦略における「統合的概念」：経営社会政策過程

　企業倫理を制度化するために，さらにそれを企業の意思決定やすべての経営過程に具体化するために，企業倫理と経営戦略の関係の重要性を述べてきた。この考察によって企業の社会的責任を否定するつもりはないがそれと企業倫理とを区別する必要性を指摘した。

　企業倫理は企業の社会的責任と異なり，それぞれは異なる視点と役割を有する。ゆえに，企業倫理を基礎とした企業の社会的責任を含む「統合的概念」を考える必要がある。このような理由で，エプスタインが「経営社会政策過程」という枠組みを特に用いることをここでは強調したい（図表3－3を参照）。エプスタインは企業倫理，企業の社会的責任（邦訳のなかでは経営社会責任），そして企業の社会的即応性（邦訳のなかでは経営社会即応性）を「経営社会政策過程」に統合する[40]。

　「この概念（経営社会政策過程）は企業倫理・経営社会責任・経営社会即応性という，これまでの主要な概念を統合する，1つの戦略的概念であって，ミンツバーグの最近の示唆に富む見解である，全体把握（＝世界観：世界に対する根底的な見方）としての戦略－に関する見解と最も符合する」[41)42)]。エプスタインは「経営社会政策過程」の主要な要素のモデルを具体的に示している（図表3－4を参照）。この過程は意思決定過程を含み[43]，これは企業に倫理的思考を内在化させることを意図したものである。

第3章　企業倫理(ビジネスエシックス)

図表3－3　経営社会政策過程に対する企業倫理・経営社会責任・経営社会即応性の貢献

経営社会政策過程
個人および企業の行為の道徳的意義に関する，価値観に基づく個人的および組織的な内省ならびに選択を促進する諸過程を企業内部において制度化すること。それらの行為の予想される全般的な結果に関する個人的および集団的な検討は，それによって，企業組織の政策ならびに行動の成果（特定の課題事項または問題に関連する諸結果）に関する内部および外部の利害関係者の要求ならびに期待の急激な高まりに対して，企業の指導者たちが組織的枠組みの内部で個人的にも組織的にも，それを予知し，それに対応し，それを管理することを可能ならしめる。

＝

企業倫理
企業の意思決定者による個人的・組織的行為の道徳的意義に関する価値観に基づく内省および選択。この内省と選択は企業組織とその指導者たちの直面する重要な課題事項ならびに諸問題によって生じ，それらに関わるものである。

＋

経営社会責任
企業組織の政策ならびに行動が内部および外部の利害関係者に対しておよぼす各種の結果に関連する，特定課題事項および諸問題，さらに企業組織とその指導者に対する期待と要求などについての明確な認識。焦点は企業活動の成果に置かれる。

＋

経営社会即応性
内部および外部の利害関係者の多様な要求および期待から生ずる各種の課題事項ならびに諸問題を予知し，それに即応し，それを管理することに関する企業の能力を決定し・具体化し・評価する個人的ならびに組織的な諸過程の展開。

(出所)　Epstein, E.M., "The Corporate Social Policy Process : Beyond Business Ethics, Corporate Social Responsibility, and Corporate Social Responsiveness", *California Management Review*, Vol.29, No.3, Spring, 1987, p.107. 中村瑞穂他訳『企業倫理と経営社会政策過程』文眞堂，1996年，13ページ。

第Ⅰ部　企業と制度

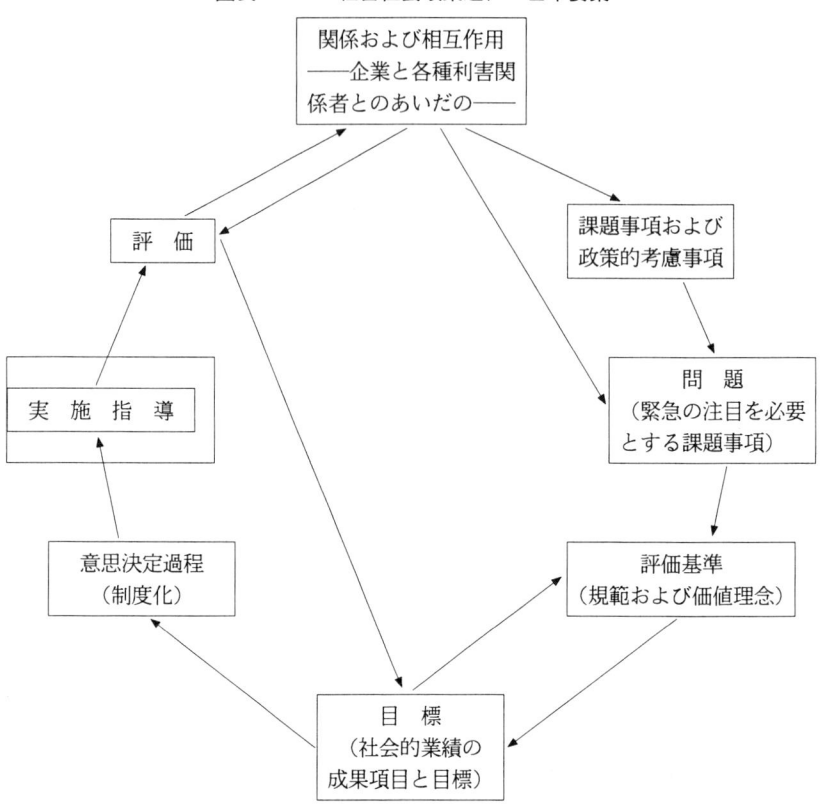

図表3－4　経営社会政策過程の基本要素

```
        関係および相互作用
      ──企業と各種利害関
        係者とのあいだの──
         ↑        ↓
    評 価          課題事項および
                   政策的考慮事項
                        ↓
   実施指導           問　題
                  （緊急の注目を必要
                   とする課題事項）
                        ↓
   意思決定過程        評価基準
   （制度化）       （規範および価値理念）
         ↓        ↓
            目　標
         （社会的業績の
          成果項目と目標）
```

（出所）　図表3－3に同じ。p.110．邦訳書，16ページ。

42

第3章　企業倫理（ビジネスエシックス）

5　む　す　び

　本章では日本における企業倫理の理解の状況とその問題点を指摘してきた。日本における倫理綱領の採択は進んだが，それは企業倫理の制度化の第一歩である。ここでは倫理委員会，倫理教育プログラム，倫理ホットライン，倫理監査などのような企業倫理を制度化するための他のプログラムまで具体的に言及しなかった。その代わりに企業経営にとって企業倫理が本質的なものであること，企業倫理と経営戦略の関係の重要性を強調した。企業倫理を個々の企業に具体化するための方途を求めたきた。最後に，誠実さをもって企業経営を行うための有用な枠組みとしてエプスタインの「経営社会政策過程」を提案した。

（注）
1）フリーマンらは，「価値はスローガンではないし，不可解なものでもない。それらは行動の理由であり原因である。」とし，戦略的経営における価値の役割を強調する——Freeman, R.E., D.R.Girbert, Jr. and E.P.Hartman, "Values and the Foundations of Strategic Management", *Journal of Business Ethics*, No. 7, 1988, p.823.
2）Epstein, E.M., "The Corporate Social Policy Process : Beyond Business Ethics, Corporate Social Responsibility, and Corporate Social Responsiveness", *California Management Review*, Vol.29, No. 3, Spring 1987 a. Epstein, E.M., "The Corporate Social Policy Process and The Process of Corporate Governance", *American Business Law Journal*, Vol.25, No. 3, 1987 b. Epstein, E.M., Business Ethics, Corporate Good Citizenship and the Corporate Social Policy Process : A View from the United States", *Journal of Business Ethics*, No. 8, 1989.
3）*Ibid.*, p. 585. 中村瑞穂他訳『企業倫理と経営社会政策過程』文眞堂，154～155ページ（Epsteinaの同上論文などの邦訳）。
4）Taka, I., "Business Ethics in Japan", International Society of Business, Economics and Ethics, The First World Congress of Business, Economics and Ethics, Tokyo, Japan, 1996, p.13.
5）高田　馨『経営の倫理と責任』千倉書房，1989年，27ページ。

第Ⅰ部　企業と制度

6）　中村瑞穂「『企業と社会』の理論と企業倫理」『明治大学商学論叢』第77巻第1号，1994年12月，106ページ。なお，中村教授は企業倫理とその隣接領域に属するいくつかの概念との間の識別に関する問題を指摘する。「第1に，日本でしばしば，企業倫理を経営理念ないし，いわゆる経営哲学と同一視する傾向が見られる」。「第2に企業倫理を企業または経営者の社会的責任と同一視する傾向が日本ではきわめて根強い」。「第3に企業倫理の概念を『経済倫理』と互換的に用いる傾向が日本の研究者のあいだには，しばしば見られる」。「第4に，日本企業における経営実務にあっては，企業倫理に関わる諸問題が『危機管理』の範疇に含めて扱われる傾向が一般的であるように見うけられる」と――中村瑞穂，「企業倫理への接近と日本における意識」『明治大学社会科学研究所紀要』第35巻第2号，1997年3月，197～198ページ。

7）　高　巖・ドナルトソン，T.『ビジネスエシックス：企業の市場競争力と倫理法令遵守マネジメント・システム』文眞堂，1999年，256ページ。

8）　なお，関西経済連合会の1998年の調査によれば回答企業の51.8％が倫理綱領を有している――小林義彦・高　巖「企業倫理の現状と社会制度の再検討：企業倫理の実践調査および意識調査の結果を踏まえて」『日本経営倫理学会誌』第6号，1999年3月。

9）　アメリカにおいての調査では倫理の制度化に取り組むこれらの企業（回答企業数は223社）の93％が倫理綱領を文書化している――Center for Business Ethics, "Are Corporations Institutionalizing Ethics?", *Journal of Business Ethics*, No.5, 1986, pp.85-91. 詳しくは, Center for Business Ethics, "Instilling Ethical Values in Large Corporations", *Journal of Business Ethics*, No.11, 1992, pp.863-867, を参照。

10）　中村瑞穂「企業経営と現代社会」丸山惠也・権　泰吉『現代企業経営：理論と実態』ミネルヴァ書房，1994年，254ページ。

11）　Weaver, G.R., L.K.Trevino, and P.L.Cochran, "Integrated and Decoupled Corporated Social Performance: Management Commitments, External Perspective, and Corporate Ethics Practices", *The Academy of Management Journal*, Vol.42, No.5, 1999, pp.539-540.

12）　中村瑞穂，前掲「企業倫理への接近と日本における意識」および高　巖・ドナルドソン，T., 前掲書, を参照。

13）　ペインは「そのようなガイドライン（上から与えられる倫理ガイドライン）は内部的に重要性をもたないパブリック・イメージ・プログラムと理解されるかもしれない」と論じている――Paine, L.S., *Cases in Leadership, Ethics, and Organizational Integrity: A Strategic Perspective*, McGraw-Hill Inc., 1997, p.100. （梅津光弘・柴柳英二訳『ハーバードのケースで学ぶ企業倫理：組織の誠実さを求めて』慶應義塾大学出版会，1999年，88ページ。）

第3章 企業倫理(ビジネスエシックス)

14) 詳しくは,高 巖・ドナルドソン,T.,前掲書,249〜264ページ,を参照。
15) 「制度化は,社会政策的考慮が一方で戦略経営機能と,他方での個人的および集団的な意思決定との,双方のうちに効果的に内在化されるにいたったときに実現されるのである」──Epstein, E.M., "Business Ethics, Corporate Good Citizenship and the Corporate Social Policy Process : A View from the United States", *Journal of Business Ethics*, No. 8, 1989, p.587. 前掲邦訳書(中村瑞穂他訳),160ページ。「公式的な倫理プログラムは触媒や支援システムとして機能できるが,組織的誠実さは積極性のあるシステムに企業の価値を統合することによる」──Paine, L.S., "Managing for Organizational Integrity", *Harvard Business Review*, March-April, 1994, p.112。
16) コンプライアンス・プログラムに関して企業内で倫理的思考を高めるために企業倫理とコンプライアンスを結合させて捉える立場もある。「ECS2000(Ethics Compliance Standard 2000)倫理法令遵守マネジメント・システム規格」である──高 巖・ドナルドソン,T.,前掲書,および田中孝司『コンプライアンス経営:倫理綱領の策定と実践』生産性出版,1998年。
17) DeGeorge, R.T., *Competing with Integrity in International Business*, Oxford University Press, 1993.
18) Paine, L.S., "Managing for Organizational Integrity", *Harvard Business Review*, March-April, 1994, p.110.
19) 本章での経営戦略の定義はアンドリュースによる。すなわち,「全社戦略(corporate strategy)は企業における意思決定パターンである。まずそのパターンによって,自社目的,存在理由,目標が決定される。次にそのパターンによって,こうした目標を達成するために主要な方針と計画書が作成される。さらにそのパターンによって①自社が運営する事業範囲,②自社がどのような種類の経済・人間組織であったらよいか,という点に関する現在像と望ましい将来像,③自社がその株主,従業員,顧客,地域社会に対してどのような種類の経済的・非経済的貢献を志向するかという,3点が定義される」──Andrews, K.R., *The Concept of Corporate Strategy*, revised ed., Richard Irwin, Inc., 1980, p.18. 中村元一・黒田哲彦訳『経営幹部の全社戦略:全社最適像の構築・実現を求めて』産能大学出版部,1991年,70ページ。
20) Carroll A.B.and F.Hoy, "Integrating Corporate Social Policy into Strategic Management", *The Journal of Business Strategy*, Winter Vol. 4, No. 3, 1984. およびCarroll, A.B., "The Pyramid of Corporate Social Responsibility : toward the Moral Management of Organizational Stakeholders", *Business Horizons*, July-August, 1991.
21) Ackerman, R.W. and R.A.Bauer, *Corporate Social Responsiveness : The*

第Ⅰ部　企業と制度

  Modern Dilemma, Preston Publishing Inc., 1976.
22) Post J E., A.T.Lawrence and J.Weber, *Business and Society : Corporate Strategy, Public Policy, Ethics*, ninth edition, McGraw-Hill Co.Inc. 1999, p.58.
23) Carroll, A.B., "The Pyramid of Corporate Social Responsibility", *Business Horizons*, July-August, 1991.
24) *Ibid.*, p.43.
25) *Ibid.*, p.42.
26) Epstein, E.M., *op.cit.*, p.373, 1987 b, Vol.29, No. 3, 1987. 前掲邦訳書（中村瑞穂他訳），134ページ。
27) Carroll A.B.and F.Hoy, *op.cit.*, p.55, Winter, 1984, p.55.
28) Mintzberg, H., "The Strategy ConceptⅡ : Another Look at Why Organizations Need Strategies", *California Management Review*, Fall Vol. 30, No. 1, 1987, p.29.
29) 企業倫理と企業の社会的責任との違いについて，詳しくは，Epstein, E.M., *op.cit.*, 1989, p.586, 前掲邦訳書（中村瑞穂他訳），156〜157ページ，を参照。
30) Velasquez, M.G., *Business Ethics : Concepts and Cases*, 3 rd ed., 1992, p.16.
31) Epstein, E.M., "The Continuing Quest for Accountable, Ethical and Humane Corporate Capitalism", *Business & Society*, Vol.38, No. 3, 1999, p. 259.
32) Carroll, A.B. "Corporate Social Responsibility : Evolution of Definitional Construct", *Business & Society*, Vol.38, No. 3, 1999.
33) 企業倫理の分析レベルについては，Epstein, E.M., *op.cit.*, 1989, p.584, 前掲邦訳書（中村瑞穂他訳），153〜154ページ，を参照。
34) Carroll, A.B., "The Pyramid of Corporate Social Responsibility", *Business Horizons*, July-August, 1991, p.41およびCarroll, A.B., "Corporate Social Responsibility : Evolution of Definitional Construct", *Business & Society*, Vol.38, No. 3, September, 1999, p.284.
35) Freeman, R.E. and D.R.Gilbert, Jr., *Corporate Strategy and the Search for Ethics*, Prentice Hall, 1988, p.60. 笠原清志監訳『企業戦略と倫理の探求』文眞堂，1988年，92ページ（ここでは訳文は筆者）。
36) *Ibid.*同上邦訳書。
37) Gilbert, D.R., Jr., *Ethics through Corporate Strategy*, Oxford University Press, 1996.
38) *Ibid.*, p.17.

第3章　企業倫理(ビジネスエシックス)

39) Paine, L.S., *Cases in Leadership, Ethics, and Organizational Integrity*, McGraw-Hill Inc.1997, p.90. 梅津光弘・小柳英二訳『ハーバードのケースで学ぶ企業倫理：組織の誠実さを求めて』慶應義塾大学出版会，1999年，78ページ。
40) Epstein, E.M., *op.cit.*, pp.586-588. 前掲邦訳書（中村瑞穂他訳），158～161ページ。
41) Epstein, E.M., *op.cit.*, p.593. 同上邦訳書（中村瑞穂他訳），173ページ。
42) ミンツバーグの戦略概念については，Mintzberg, H. "The Strategy Concept Ⅰ : Five Ps for Strategy", *California Management Review*, Vol.30, No.1, 1987, を参照。
43) Epstein, E.M., "The Corporate Social Policy Process", *California Management Review*, Vol.29, No.3, 1987, p.108.

第 4 章
現代企業と制度論

❶ はじめに

　現代企業は，経済のグローバル化とICT（情報・通信技術：Information and Communication Technology）の発展といった環境変化に適応する形で，その姿を変貌させ進化を遂げつつある。周知の如く，ヒューレット・パッカードやアップルなどの企業を生み出したアメリカのシリコンバレーは，起業家とベンチャー・キャピタルのネットワークを基盤とした新しい企業形態の可能性を世界に向けて発信している。これに対して日本でも，ビットバレーと呼ばれる渋谷周辺地域においてインターネット関連のベンチャー・ビジネスが注目を集めた時期もあった。このように，中小規模の起業家的企業が発展する一方で，伝統的な大企業の場合，企業間の提携（日産とルノーなど）や合併（中央信託銀行と三井信託銀行など）を国内外で急速に展開し，企業集中の様式を変化させている。

　このような現代企業のあり方の進化と歩調を合わせて，そのガバナンス・システム（経営者による適切な会社運営の保障を目的とした，彼らに対するモニタリング［監視］・知識移転，および株式所有形態にかかわる企業統治制度）も変化を余儀なくされている。相次ぐ企業の不祥事の発覚に伴い，ガバナンス・システムにかかわる問題が経営や経済の論壇で取り上げられる機会も増えた。とりわけそこでは，企業が社会制度として存続・成長していく上で「人間の倫理（人倫）」「企業組織の内外におけるイノベーションの実現（企業家精神）」「不適切な経営者のチェック・解任（ガバナンス）」「コンプライアンス（法の遵守）」に関する制度的問題を無視することはできない，といった議論が繰り広げられている。

第Ⅰ部　企業と制度

　一般的に日本企業のガバナンスは，メインバンクと呼ばれる主要株主兼債権者としての銀行を中心に機能している（メインバンク・システム），という認識がこれまで人々の間で抱かれてきた[1]。すなわちメインバンクは，その主要株主兼債権者としてのポジションゆえに，他の株主や銀行と比較して取引先企業の情報にアクセスしやすいという理由で，彼らに代わって経営・財務状態をモニターすることが期待されてきた。もしその状態が良好であれば，メインバンクは取引先企業の経営者や従業員といったインサイダー（会社の内部構成員）に自律的な会社運営を任せるが，いったんそれが劣悪になれば企業の経営に直接介入し，救済ないし解散の意思決定を行わねばならなかった[2]。

　しかし，そうしたいわば関係志向型のガバナンス・システムの有効性は，1980年代後半に企業が資金調達の方法を間接金融から直接金融へとシフトさせたことと相まって，1990年代後半に銀行の管轄官庁である大蔵省（現在の財務省）の官僚による不祥事や銀行の経営破綻が明るみに出たことによってゆらぎ始めた。さらに日本企業は，経済のグローバル化や市場原理主義の台頭といった状況において，株主利益の重視と結びついた市場志向型のガバナンス・システムの可能性を模索し，リストラの名の下に従業員を解雇し，雇用制度の変革を試みるようにすらなっている。

　企業は環境変化に適応して，雇用調整を行う必要があるかもしれないが，他社との競争において持続的な発展を遂げる上で，自社の特殊的な文脈でしか有効性をもちえず，かつ形式化・コード化することができない技能や知識（企業特殊的な人的資産）を蓄積・貯蔵せねばならない。それは，長い時間をかけた学習を通じて人間に体化されるもので，あいにく市場で容易に獲得できたり，あるいは他の用途へと簡単に転用できる類のものではない。したがって従業員は，市場を通じて即時に雇用される代替可能な生産要素としてとらえることもできるが，企業特殊的な人的資産の投資主体，ひいては企業の競争優位の源泉となる重要なポジションとしても位置づけられる[3]。どちらの見解が採用されるかは，ガバナンス・システムなど制度のあり方に依存しているといえよう。

　かくして，市場志向型の制度の長所のみに着目し，長い歴史のなかで築き上

げてきた関係志向型の制度のもつ合理性や問題点を正しく認識せぬまま，前者を機械的にグローバル・スタンダードと位置づけて後者を棄却する，という近年の日本企業に目立つ試みは，変化した環境によって要請されたものであるとはいえ，幾分ナイーブな反応としてみなせるかもしれない。つまり制度は，特定の歴史的文脈から切り離せるものではない（歴史経路依存性）し，また単体として存在するものではなく，複合体として整合性をもつ1つのシステムを構成し，相互に働きを強め合っている（制度的補完性）。

したがって，われわれは現代企業にかかわるさまざまな制度のもつ強みや弱みを正しく理解するために，特定の経済における制度の進化プロセスに対する歴史的な分析視点（例えば日本において，メインバンク・システムと戦時経済下の軍需融資指定金融機関制度とを通時的に比較するなど）のみならず，複数経済間の制度的多様性に対する比較的な分析視点（例えば，日本の関係志向型のガバナンス・システムとアメリカの市場志向型のガバナンス・システムとを共時的に比較するなど）を採用せねばならない。以下本章では，このような分析視点から制度論の発展を概観し，それが現代企業の研究に対してもちうる含意を明らかにする。

2 制度論の発展

1 2つの制度派

(1) ソースタイン・ヴェブレンによる制度観：制度派

制度論は，旧くて新しい研究分野である。これは，特に経済学において（旧）制度派と新制度派という2つの潮流が存在することを意味している。いうまでもなく，これら2つの制度研究の根底には「制度は重要な関係をもつ (institutions matter)」という共有精神が存在する。制度派経済学は，大量の失業や土地投機などの経済問題が深刻化しつつあった19世紀末のアメリカで，ソースタイン・ヴェブレン (Thorstein Veblen) を中心に展開された。特に彼

は，分権的な市場（価格メカニズム）にあらゆる資源配分を委ね，個人や企業が価格をシグナルとして，機械の如く自己利益の最大化を目指して財・サービスの需要量と供給量の決定（合理的選択）を行えば，結果的に最適な均衡状態が実現する，というシナリオを描いた主流派の（ミクロ）経済理論を「新古典派経済学」と呼び，それに対して徹底的な非難を浴びせた。ヴェブレンは，人間が価格に従って合理的選択を行うという受動的な見方を排し，制度が能動的な人間との間の相互作用を通じて累積的に進化する点に着目した。彼は制度を「個人や社会の特定の関係や機能に関して広く浸透した思考習慣」[4]と定義し，制度が個人行動の結果であると同時に個人の行動目的を制約するといった形で，個人と制度の間には相互に構成し合う関係が存在すると主張した。

(2) ロナルド・コースによる企業観：新制度派

ヴェブレンよりも後の時代に，ロナルド・コース（Ronald Coase）は経済分析に「取引費用（transaction costs）」という概念を導入し，市場という大海に「企業組織」という島が存在する理由を解明した[5]。ここで，新古典派経済学のいうところの企業は，単に投入物を産出物に変換する「技術的なブラックボックス」にすぎなかったことに注意を促しておこう。コースによれば，企業組織も市場と同様に資源配分の役割を果たすが，それは価格ではなくパワーに基づいた権限メカニズムとして位置づけられた。企業の存在理由を理解するために，ある企業の経営者が，特定の技能をもつ従業員を雇用するケースを考えよう。実際に経営者は，自社の技術に適した労働力を求めて労働市場で相手を日々探し回ることもできる。しかし日々，無数の従業員との間で価格交渉や契約を行うには，莫大な時間や資源などの犠牲（費用）を負担せねばならない。また仮に長期契約を結ぶとしても，将来生じうる状態をすべて網羅した契約（完備契約）を書くことはできず，実現する契約は不完備たらざるを得ない。

そこで，経営者は労働市場を利用せずに，従業員に対して一定水準の賃金を保障するのと引き換えに，ある範囲内で仕事を命令・指示するパワーを委任せよという雇用契約を提示するかもしれない。しかしこの場合，経営者は労働力

を企業組織へ内部化するのに伴って，従業員に対して仕事の命令を与え，集権的な資源配分を行うための費用を負担せねばならない。かくして，労働市場あるいは企業組織のいずれかを利用しようとも，資源配分に伴う費用（取引費用）が発生することになる。コースは，こうした取引費用の節約にかかわる比較効率性が，市場か企業組織かという制度の選択に影響を与えることを論じた。すなわち，取引費用がより少なくてすむ制度が選択されると。

ただしコース自身は，ヴェブレンにはじまる（旧）制度派経済学に対して，理論をもたない観察事実の集積物であるという否定的評価を下すとともに，オリバー・ウィリアムソン（Oliver Williamson）の命名による「新制度派経済学」という呼び方を採用して，前者との間に一定の距離をおこうとしていた[6]。しかし，ヴェブレンによる思考習慣としての制度観は，人間の認知や学習のもつ意味を明らかにする上で有用である。つまり先の例でいえば，メインバンク・システムは，建物や書類などの物理的な形でかならずしも存在しているとはいえず，むしろ複数の人々の頭脳や心のなかで形成・共有された心理的な構築物だということである。人々は他者との会話や経験の共有などによって，メインバンクと呼ばれる銀行の組織的特徴などに関する思考習慣（ないしイメージ）を生成・学習する一方で，そうした思考習慣は彼らの行動に対して影響をおよぼす。このような形で，制度と人間との間には相互に構成し合う関係[7]が生み出される。

2 制度の分析道具としてのゲーム理論

(1) 制度とナッシュ均衡

コースが明らかにした，経営者と従業員との不完備な雇用契約を通じて成り立つ企業組織（権限メカニズム）も，実は人々が心理的に構築する目にみえない思考習慣としての特徴をもつ。例えば，ソニーや日本生命といった企業は，物理的な存在というよりは，むしろ複数の人間によって頭脳や心のなかで構築・共有されたものとみなせる。すなわち，企業もまた制度としてとらえられると

いうことである。果たしてわれわれは、企業をも含む制度の性質を深く理解する上で、適切な分析道具をもっているであろうか。

市場という制度の働きを理解するのに貢献してきた新古典派経済学では、企業（生産者）にせよ家計（消費者）にせよ、自分の行動が他者に対して影響をおよぼすことはなく、単に価格に基づいて最適な生産ないし消費の数量を決定するというプライス・テイカー（価格受容者）の前提が置かれている。しかし、こうした理論的なフィクションの世界とは違って、現実の世界でわれわれは、他者の行動によって影響をうけるとともに、自分の行動が他者に影響を与えているという事実に直面している。「仕事帰りの飲み会に、皆が行くから私も行こう」「彼女がプラダの財布を買ったから、私も買おう」「東京駅でエスカレーターに乗るとき、皆が左に列を作っているから自分も左に寄ろう」「サッポロビールが『黒ラベル』なら、わが社は『スーパードライ』でビールのマーケット・シェアを拡大していこう」といった発言や意思決定は、企業であれ個人であれ他者の存在が自己の行動に影響をおよぼしうるという相互依存性の存在を物語っている。

ゲーム理論[8]は、そうした意思決定の相互依存性を数理的な方法論に基づいて分析する。そこでは、複数の意思決定主体が相互に影響をおよぼし合う（すなわち、戦略的相互作用を展開している）状況をゲーム的状況と呼ぶ。また意思決定主体は、総称してゲームのプレイヤーと呼ばれる。すべてのプレイヤーが、それぞれの行動計画である戦略に従って行動選択を行うとゲームの結果が定まり、そうした結果に依存して彼らは利得を獲得することになる。

より具体的にいえば、プレイヤーは「プレイヤーの集合」「戦略集合」「利得関数（プレイヤーの戦略プロファイル［戦略の組］を利得に変換するルール）」から構成された「ゲームのルール」、および他者の「合理性」を認識した上で自己の利得の最大化を図るが、その際、相手の行動を互いに考慮せねばならないという点が重要である。ゲーム理論分析の目的を簡単に述べるとすれば、プレイヤーがどのように行動し、またどのようなゲームの結果を実現するかを明らかにすることである。そのためには、明確にゲームのルールを定義し、ゲームの

解と呼ばれる概念装置を援用する必要がある。最も有名なゲームの解概念は，1994年にノーベル経済学賞を受賞した，3人のゲーム理論家のうちの1人の名前を冠した「ナッシュ均衡」である。ナッシュ均衡とは，各プレイヤーの選択する戦略が他のプレイヤーの戦略に対して相互に最適反応となっている戦略プロファイルのことであり，そこでは，誰も選択した戦略から逸脱するインセンティブをもたない状態（自己拘束的な状態）が生じている。

この概念をより平易に理解するために，図表4－1のような利得行列をもつ囚人のジレンマ・ゲームと呼ばれるタイプのゲームを考えてみよう。ある企業のチームにおいて，I氏とK氏という2人の従業員（プレイヤーの集合 $N=\{I, K\}$）が新製品開発のためにアイデアを出し合っている。そこでは，2人で協力（C：COOPERATE）してタスクに取り組むか，あるいは協力を怠る（S：SHIRK）ことで他方の努力にただ乗りするかといった意思決定を行うこととなる（戦略集合$\{C, S\}$）。I氏は，相手のK氏が協力を選択すると仮定する場合，自分は協力して利得2を得るよりも，協力を怠って高位の利得4を得た方が合理的だと考える。またI氏は，K氏が協力を怠ると仮定した場合も，協力によって被る損失（利得－6）よりも小さな損失（利得－1）で済む，協力を怠るという戦略を選択することが合理的となる。他方，K氏の場合も同様にして，I氏が協力ないし怠りのいずれを予想するにせよ，高い利得が保障される協力の怠りを選択することが合理的となる。かくして，このゲームにおいて

図表4－1　囚人のジレンマ・ゲーム

		K	
		C	S
I	C	2, 2	－6, 4
I	S	4, －6	－1, －1

相手の戦略に対して相互に最適反応になっている状態，すなわちナッシュ均衡は (S, S) ということになる。

(S, S) と比較して，2人のプレイヤーが協力する (C, C) の場合には，双方の利得の和がより大きくなる（すなわち，-2から4に増大する）という意味で社会的に望ましいといえよう。しかしナッシュ均衡の下では，各プレイヤーがいったん選択した戦略から一方的に逸脱するインセンティブをもたない。すなわち，(S, S) という結果が生成された後に，例えば一方的にI氏だけが協力の選択に切り換えたとしよう。この時の結果 (C, S) の下では，協力に切り換えたI氏の損失が増える（-1から-6へ）のに対して，協力を怠ったままのK氏の利得が増す（-1から4へ）という皮肉な事態が生じる（さらに，K氏による一方的な協力への切り換えも同様の事態をもたらす）。

(2) 制度のイノベーションと「ゴーン・ショック」

このように，プレイヤー間の戦略的相互作用を通じて内生的に創出された均衡は，変化し難い性質をもっている。前述の囚人のジレンマ・ゲームの場合，I氏とK氏の間で「相手が協力を怠れば，自分も協力を怠ろう」という予想が共有され，維持されるようになれば，新製品開発のための有効なアイデアは永遠に生み出されないかもしれない。しかし企業は，こうした非協力の状態を放置して新しい製品やアイデアの開発に失敗すれば，他社との競争を通じてやがて市場から消滅することになりかねない。かくして企業は，存続と成長のために以下のような策や表現を示すであろう。

すなわち，上司が説得して協力を導く，チームに新しいメンバーを加える，新しいアイデアに対して目立った報酬を与える，協力実現のためのスローガンを垂れ幕やポスターに掲げる，リストラの名の下に非協力的なメンバーを解雇・左遷する，などといった具合に。つまり，従業員の間で生成された不適切な制度（このゲームでいえば，(S, S) という非協力的なナッシュ均衡に関して共有された予想）のイノベーションを図るには，さまざまな新しいシンボル・システムの提示（協力的な均衡である (C, C) を導くための策やそれを要約した表現を

示す）を通じて，適切な制度について従業員の予想をコーディネートすることが必要となる。

例えば，日産自動車の社長兼COO（最高執行責任者）であったカルロス・ゴーン（Carlos Ghosn）氏は，1999年10月18日に経営改革のための「日産リバイバルプラン（NRP：Nissan Revival Plan）」を発表した[9]。NRPは，200人におよぶ若手・中堅従業員とゴーン氏との戦略的相互作用の賜物である。そもそも，ゴーン氏の招聘を提携先のルノーのルイ・シュヴァイツァー（Louis Schweitzer）会長兼CEO（最高経営責任者）に要請したのは，塙　義一会長兼CEOであった（以上3人の役職・ポジションは当時のものである）。彼は，ゴーン氏に日産の再建を委ね，外部の力を借りることで「他責の文化」と称される日産の企業文化のイノベーションを模索する道を選んだ（「ゴーン・ショック」）。すなわちそれは，例えば自動車の販売台数が伸びない理由に関して，開発部門が「われわれは優れたクルマを作っているのに，売れないのは販売部門の努力が足りないからだ」と主張するのに対して，販売部門が「われわれは頑張っているが，売れないのは自動車のデザイン・技術が悪いからだ」と主張する形で，他者への責任転嫁を通じて責任の所在を曖昧にする文化のことである。

従業員間・部門間の協力がなければ，質の高い自動車を作り，多くの販売台数を実現することはできない。しかし日産では，彼らが協力を怠る「他責の文化」と呼べるような不適切な制度が生成された。つまり，自分の部署や役職に対する責任，および会社のシンボルでもある製品（自動車）に対する思い入れや愛情を放棄して，例えば「いったん成約して，自動車を顧客に納品してしまえば，あとはアフター・サービスなどの努力を怠っても問題ないであろう（販売部門）」「新車発表会に形式的に顔を出し，すぐにその場を立ち去っても問題ないであろう（役員）」といった予想が生成・共有されてきたのである。このようにゴーン氏の招聘とNRPの提示は，新しいシンボル・システムを通じて非協力的な企業文化（他責の文化）を協力的な企業文化（自責の文化）へと変革して，適切な制度を創り出す試みとみなせよう。特に企業組織の場合，まず経営者が企業の将来的な望ましい姿（ビジョン）を率先して示さなければ，人々

第Ⅰ部　企業と制度

がイノベーションに向けて挑戦することはできないのである[10]。

■ むすび

　鈴木清之輔教授は、「企業が組織の単位体もしくは資本の運動体であるということは、他面ではそれが所有ないしそれに規定された支配の単位体であるということである」[11]と主張した。つまり企業の本質は、所有と支配にあると。特に近年、このような問題意識の下、制度や企業組織に関する新しい理論が展開されている。すなわち、オリバー・ハート（Oliver Hart）を中心とした企業理論（不完備契約論）では、企業の文脈で生ずる契約に記せなかった事態（契約の不完備性）が「所有権（ownership）」によって解決されるとして、企業組織が物的資産を通じた人的資産のコントロールを実現するとみなしている[12]。また植竹晃久教授を中心としたガバナンス・システム論（比較企業統治システム論）は、企業を社会制度とみなし、それを構成するステイクホルダーのパワー・バランス、株式所有構造の変化、そして会社統治制度の歴史的発展などといった比較コーポレート・ガバナンスの制度的問題の精査を目的とする[13]。そして、青木昌彦教授を中心にした制度論（比較制度分析：CIA）では、本章で紹介したようなゲーム理論を基盤に一般的な制度の概念化（共有された予想、および均衡の要約表現としての制度）を志向している[14]。

　冒頭で論じたように、経済のグローバル化とICTの発展といった環境変化に応じて、現代企業は進化[15]を遂げている。さらに人間も、企業という制度の変化に適応していかねばならない。これまでの歴史のなかで、企業はさまざまな製品（例えば、冷蔵庫、スプレー、自動車、クーラーなど）を開発し、人間の欲望の充足を通じてその生活を豊かにするのに貢献してきた。しかし人間は、一連の企業活動に伴い、製品生産のための工場を建設する上で木々を切り倒したり、またこれらの製品から恩恵をうける上で温室効果やオゾン層破壊につながる有害なガスを放出するなどしてきた。かくして、われわれは子孫に輝ける未来を

第4章　現代企業と制度論

託すために，環境破壊や地球温暖化の問題を真摯に取り組むべき制度的問題としてとらえるだけでなく，これらを現代企業研究の文脈で議論していく必要があろう。人間の生活を豊かにする一方で，その生存基盤を脅かしかねない企業。われわれは自分達の未来を確保するために，いかにして企業をコントロールすることができるか。まさに，制度は重要な関係をもつ。

(注)
1) 日本のメインバンクについては，例えば，以下の文献を参照。Aoki, M., and H.Patrick (eds.), *The Japanese Main Bank System : Its Relevance for Developing and Transforming Economies*, New York : Oxford University Press, 1994.（白鳥正喜監訳『日本のメインバンク・システム』東洋経済新報社, 1996年）は，比較制度分析の方法に基づいた包括的研究である。そしてメインバンクの諸機能を簡潔にまとめた論文として，桑原和典「メインバンクの経営モニタリング機能：保険機能・情報機能・支配代替機能を中心として」（植竹晃久・仲田正機編『現代企業の所有・支配・管理：コーポレート・ガバナンスと企業管理システム』ミネルヴァ書房, 1999年）63〜80ページがあげられる。
2) こうした制度のあり方は，状態依存型ガバナンス（contingent governance）と呼ばれている。この点について，詳しくは青木昌彦教授による一連の著作を参照。例えば，青木昌彦『経済システムの進化と多元性：比較制度分析序説』東洋経済新報社, 1995年。
3) 特に後者の見解については，Blair, M., *Ownership and Control : Rethinking Corporate Governance for the Twenty-First Century*, Washington, DC : Brookings Institution, 1995. および伊丹敬之『日本型コーポレート・ガバナンス：従業員主権企業の論理と改革』日本経済新聞社, 2000年を参照。またこのような見地から，従業員福祉の拡張を意図した従業員持株制度やストック・オプションなどの重要な問題を扱った論文として，渡辺智子「日本の従業員持株制度に関する一考察：その将来像をめぐって」『三田商学研究』43巻特別号, 2000年, 115〜130ページがある。
4) Veblen, T., *The Theory of Leisure Class*, New Brunswick, NJ : Transaction Publishers, 1992, Originally published in 1899 by Macmillan, p.132.（高　哲男訳『有閑階級の理論：制度の進化に関する経済学的研究』筑摩書房, 1998年, 214ページ）。
5) Coase, R., "The Nature of the Firm," *Economica*, vol.4, 1937, pp.386–405.（宮沢健一・後藤　晃・藤垣芳文訳「企業の本質」『企業・市場・法』東洋経済

第Ⅰ部　企業と制度

新報社，1992年，39～64ページ)。
6) Coase, R., "The New Institutional Economics," *American Economic Review*, vol.88, 1998, p.72. ただし本章は，(旧)制度派と新制度派の差異に関して包括的に議論することを目的としていない。
7) こうした関係について，ジェフリー・ホジソン (Geoffrey Hodgson) は，制度が個人に対して情報を提供する一方で，個人が模倣や学習といった行動を通じて制度を強化する関係を「制度派的な行動・情報ループ」と呼び，制度と個人の関係を明示的に表現している。詳しくは，Hodgson, G., "The Approach of Institutional Economics," *Journal of Economic Literature*, vol.36, 1998, pp.166-192を参照。
8) ゲーム理論の体系を理解するための優れた著作として，岡田　章『ゲーム理論』有斐閣，1996年および武藤滋夫『ゲーム理論入門』日本経済新聞社，2001年があげられる。
9) 主にここでの議論は，財部誠一『カルロス・ゴーンは日産を変えるか』PHP研究所，2000年を参考にしている。
10) ビジョンの重要性については，十川廣國教授の著作を参照。例えば，十川廣國『戦略経営のすすめ：未来創造型企業の組織能力』中央経済社，2000年。
11) 鈴木清之輔「現代企業の株式所有構造と支配構造：企業の所有・支配分析の基礎視角」植竹・仲田編『前掲書』24ページ。
12) 例えば，Hart, O., *Firms, Contracts, and Financial Structure*. New York : Oxford University Press, 1995. を参照。
13) 例えば，植竹晃久「コーポレート・ガバナンスの問題状況と分析視点：現代企業の統治メカニズムと経営行動の研究序説」『三田商学研究』37巻2号，1994年，49～63ページを参照。
14) 例えば，Aoki, M., *Toward a Comparative Institutional Analysis*. Cambridge, MA : MIT Press, 2001. (瀧澤弘和・谷口和弘訳『比較制度分析に向けて』NTT出版，2001年)を参照。また，このような視点から企業文化やガバナンス・システムを論じた論文として，谷口和弘「企業の文化デザインとガバナンス：比較制度分析からみた制度共進化」(植竹・仲田編『前掲書』130～152ページ)がある。
15) 制度や企業組織の進化を考察する上で，さまざまなアプローチが開発されている。詳しくは，渡部直樹「2つの進化論と組織行動：ダーウィン主義とラマルク主義」『三田商学研究』43巻特別号，2000年，31～50ページ。および谷口和弘「制度研究の近年的発展：制度主義から比較制度分析へ」『三田商学研究』44巻6号，2002年，31～60ページを参照。

第II部

戦略と組織

第5章　企業資源ベース論
第6章　顧客サービス戦略
第7章　組織変革と組織慣性
第8章　研究開発の現状と共同研究開発組織
第9章　日本のＮＰＯ（非営利組織）セクター

第 5 章
企業資源ベース論

1　はじめに

　企業はどうしたら業界平均以上の利益や市場シェアなどを得られるのか，すなわち市場競争に勝てるのか，ということは経営戦略における基礎的な問題である。企業が市場競争において優位な立場にあるとき，その企業は，固有の強みをもっていると考えられる。この固有の強みについて，多くの学者がさまざまな観点から理論を展開させてきた。本章第1節では，企業資源ベース論が形成される以前における代表的かつ古典的な文献をいくつか紹介し，同理論が成立した背景を探ることにする。

　企業の固有の強みを分析する試みは古くからなされており，優れた研究も多数存在しているが，そのなかでもとりわけ企業資源ベース論に貢献しているものは，「生産資源の集合体としての企業観」，「競争戦略論」そして「SWOT分析」の3つである。その概要を簡単に紹介する。

　第1に，ペンローズ（E.T.Penrose）が，その古典的著書『会社成長の理論』のなかで，企業は「生産資源の集合体」であり，（ビジネス）機会に乗じて未利用資源を最大限に活用することで内部成長を遂げるというメカニズムを明らかにした。

　第2に，ポーター（M.E.Porter）は，『競争の戦略』で産業構造分析の手法を用いて「コスト・リーダーシップ」，「差別化」そして「集中」の基本戦略を提示したことで有名である。3つの基本戦略を組み合わせ，価値連鎖のなかで企業固有の位置づけを見出すことにより，企業固有の強みは説明されうる。

第Ⅱ部　戦略と組織

　第3に，これらの古典的な研究の後，「SWOT分析」という基本モデルが生まれた[1]。これによれば，戦略は，企業の内的能力である強み（strength）と弱み（weakness），ならびに企業の外的環境である機会（opportunity）と脅威（threat）を適合させることにより形成される。

　近年になり，企業固有の強みを分析対象とするさらに多くの理論が生まれている。強みの源泉を知識に求める「ナレッジ・マネジメント」，中核となる競争力の構築を主張する「コア・コンピタンス論」，時間経過とともに競争力も変化させることに主眼をおく「ダイナミック・ケイパビリティー論」などの理論が次々に成立しそして乱立する状態になっている。

　これらの理論は，しかしながら，ある場合には理論の名称が異なっているのに内容は相互に関連していたり，また別の場合には用語の定義があいまいであったり，さらには実践に重きが置かれているため用語や概念の分類・整理が不十分であったりするなどの問題点を抱えていた。

　これらの欠陥を補いつつ，理論内容が混乱している事態をも解消しうる可能性をもった理論として注目を集めているのが，企業資源ベース論（Resource-Based View of the Firm：以下RBVと呼ぶ）である。この理論は，古典的な研究内容をふまえながら，多くの類似の理論を包摂し，この20年ほどの間に徐々に発展してきた。

　本理論は，2つの仮定ないしは前提条件を設けている。第1の仮定は，資源の異質性（heterogeneity）である。ある種の資源は，土地にも不毛なものと肥沃なものがあるように，表面上は同じ資源にみえていてもその中身は同質ではない。この仮定により，資源の優劣を考察することができるようになった。第2の仮定は，資源の移転不可能性（immobility）である。ある種の資源は，長期間にわたり企業内のシステムに埋め込まれているなどの理由のため，ある利用者から他の利用者へ短期間で移転できないかもしれない。この仮定により，優良な資源が他の利用者によって簡単に模倣されない状況を考慮に入れることが可能になった[2]。

　以降の各節では，RBVの歴史をごく簡単に振り返りながら，理論の概要を

第5章　企業資源ベース論

明らかにするとともに，いまだ発展途上にある本理論の問題状況についてもあわせて解明していくことにする。

2　RBVの確立

RBVは，1984年に提出された2本の論文により確立された。これらの論文は，同じくRBVを目指した内容になっているけれども，その内容は際立った対照をみせている。

1　製品から資源へ

RBVという語が初めて用いられた記念碑的な第1の論文は，ワーナーフェルト（B.Wernerfelt）の「企業資源ベース論とは何か」(1984)である。本論文は，"企業は自社の提供する製品がどうしたら市場需要を満足させるかに関心を払う"とされていた古典的な定式を前提にしながらも，これを資源という新しい枠組みから捉え直した点で意義深いものである。すなわち，企業は，自社のもつ資源状況に応じて，つくりうる製品が限られてくるという点に着目したのである。彼は，資源−製品マトリックスという新しい概念を提示し，企業が保有する資源の状況を分析し，既存資源を活用したり新資源を開発することにより，企業の製品や事業が多角化されることを説明した。

本理論は，企業固有の強みを外的脅威から守る資源ポジション障壁などに言及しているけれども，むしろその障壁をつくる魅力ある内的な資源に力点をおいて論じている[3]。ワーナーフェルトは，この意味において，ペンローズの流れを汲んでいるといえる。

2　企業固有の強みの諸条件

　RBVを確立させた第2の論文，すなわちルメルト（Richard P.Rumelt）の「企業戦略論に向けて」(1984)は，コース（Ronald Coase）の取引費用の経済学などに関する豊富な理論知識を活用して，企業の競争条件について分析している。より具体的には，因果の曖昧さ，選択と淘汰，隔離メカニズムなどの諸条件について言及している[4]。

　彼の主張は，ワーナーフェルトのそれと異なり，資源それ自体についての分析はほとんどみられない。だが，企業が獲得した技能が他社に移らないよう隔離する外的なメカニズムなどが作用することにより，企業固有の強みが守られると述べている点で，RBVの枠組みに合致する。ルメルトは，この意味において，ポーターの枠組みを発展させている。

三　持続的競争優位

　競争優位の持続性をもたらす源泉については，すでに1980年代中頃から戦略経営の主要な研究領域となっていた[5]。この持続的競争優位とRBVの関係に取り組んだ代表的な研究は，バーネイ（J.Barney）の「企業資源と持続的競争優位」(1991)である。

1　持続的競争優位

　持続的競争優位は，「企業が，現在のまたは潜在的ないかなる他の競争相手によっても同時に実施されえないような価値創造戦略を実施しており，かつこれらの他の企業がこの戦略の便益を複製できない」[6]ときに生ずるものであるとバーネイは述べている。これは，内的な企業資源と外的な競争条件という2つの側面から規定できる。まず企業は，市場競争における優位性を持続させる

ために，競争相手が真似できないような優良資源を企業内部に保持することで価値創造を行うという側面である。次に，競争相手は，何らかの外的な障壁が存在するため，他社の優良資源がもたらす便益を自社内で模倣しようとしても，実現が困難となるという側面である。したがって，企業の競争優位は持続するのである。

この論文が書かれる1990年代初頭になると，分析の視点は，企業の内的資源能力と外的競争条件に落ち着いてきている。ただし，資源の用語の規定は，以下にみていくように，多くの要素が混在して曖昧なものになっている。

2 資 源

バーネイは，企業資源がすべての資産，能力，組織プロセス，企業属性，情報，知識などを含むとして，これらを物的・人的・組織的の3形態に分類した。物的資源は，所有の対象となるものであり，企業内で用いられる財貨，建物や設備，そして技術などがこれに含まれる。人的資源は，組織内の人々の有する諸属性であり，具体的には，企業内の個別の経営者や労働者がもつ経験，教育，判断，知性，関係や洞察力などである。そして組織的資源は，組織自体に付属する諸属性または企業内外のグループの公的・非公的な関係についてのものであり，評判，立地条件，原材料へのアクセス，組織内の企画・管理・調整システムを含む。組織的資源は，企業により管理されており，企業の有効性（effectiveness）と能率（efficiency）に間接的に影響を与えるものである[7]。

資源については，持続的競争優位をもたらす4つの性質を規定する。それらは，(1)資源に価値（有効性と能率）がある，あるいは(2)稀少性がある，(3)模倣困難（歴史依存・因果の曖昧・組織文化など）である，そして(4)他の資源により代替可能でないといった内容である[8]。資源がこれらの条件を満たすとき，上述の持続的競争優位が実現するのである。

しかしながら，資源の分類が曖昧であり，理論の用語規定が不明瞭である点に問題が残されている。この用語が明確に定義されるようになるのは，もっと

後のことである。

3 レント

　レント (rent) とは，本来，生産者が土地利用の代償として地主に支払う貨幣額のことである。これを土地以外にも適用し，特定の優れた資産からえられる超過利潤を準レント (quasi-rent) と呼ぶ[9]。これはもともと経済学の用語であったが，RBVは以下の4つのレントを区別する[10]。

(1) リカードレント (Ricardian rents)

　ある目的のために複数の資源を利用しうるとき，そのうち優良な資源の供給が固定的であった場合，その資源は自らに対する需要を十分に満足させるサービスができない。この結果として生じた不足分は，相対的に劣等な資源が供給され生産に用いられることによって解決されるが，優良な資源より多くの収益はもたらされない。リカードレントとは，このように優良な資源が劣等な資源と比較して得られる，より大きな収益部分のことである。

　リカードレントは，その本来の意味では，供給が土地のように固定的であることを前提として成立する。だが今日，優良とされる資源には，その供給が短期的には限定されたとしても，他の潜在的な利用者が時間をかけてその資源を利用しうるものが存在する。そこで，供給が準固定的な資源まで含めて論じられるようになっている。

(2) パレートレント (Pareto rents)

　ある同一の資源について，それを最善の方法で利用した場合に生ずる資源価値と，それを次善の方法で利用した場合に生ずるであろう資源価値とを比較し，前者が後者を超過する部分をパレートレントと呼ぶ。

　このレントの概念は，資源のもつ可能性をまだ十分に利用していないとき，あるいは環境が変化したため旧来の利用方法が陳腐化したとき，などの状況を分析する際に有用である。

第5章　企業資源ベース論

(3) 専有可能な準レント (appropriable quasi-rents)

ある目的のために同一の資源を利用するとき，ある利用者にとってもたらす資源価値が他の利用者にとっての資源価値よりも大きい場合，その資源価値の超過部分を指して専有可能な準レントという。つまり，ある利用者が資源を専有することで価値をもつが，同じ資源を他の利用者が専有しても相対的に少ない価値しか得られないことになる。

このレントは，何らかの意味で資源が企業特殊的であるとき，すなわち企業固有のシステムに埋め込まれているときに生じうる。それを他の利用者が模倣しようとしても，長期間かけて蓄積してきたシステムがないかぎり，その試みが成功する確率は低くなる。

(4) 独占レント・企業家レント (monopoly rents)

ある目的のために同一の資源を利用するとき，かつ他の資源による代替が困難である場合に，その資源の供給が限定されることからもたらされる資源価値が独占レントである。土地のように供給が固定的であるというより，むしろ何らかの意図が働くことにより資源の供給が限定されることから，このレントが発生する。

このレントは，資源を最初に獲得した者がその独自性を保持しローカルな独占を達成しようとすることから得られる資源価値，すなわち先行者優位 (first-mover advantage) を含む。また別の場合には，ニッチ産業などのように，他者が追随しようとしない場合にもこうした独占レントが生じる。

(5) 小　括

1990年代前半から半ばにかけて，レントに関する議論が盛んに行われ，レントの種類ならびに分類，レントと持続的競争優位との関連を明らかにする研究が増えた。例えば，アミットとシューメーカー (Raphael Amit & Paul J.H. Schoemaker) は，産業組織論の枠組みも援用しながら，まず戦略的資産とは，複雑性，稀少性，取引の困難さ，模倣の困難さ，代替の困難さ，専有性などの

性質をもつ企業資源・能力のことであると定義する。次に，これらの資源・能力からもたらされるレントが持続可能であるならば，持続的競争優位が実現すると主張している[11]。用語規定の不明瞭な点は残されているものの，戦略的資産と競争優位との関連をレントという言葉により示したことは大きな業績である。

4 静態から動態へ

1990年代の半ばになると，それまでのRBV分析に，進化経済学の成果が導入され，時間の経過を考慮に入れた動態的な視点が本格的に取り入れられるようになってきた[12]。これは，3つの側面から説明が可能である。1つは，優良な資産を蓄積していく側面であり，ここではストックとフローの分析が中心となる。2つは，組織に埋め込まれた能力であり，これはケイパビリティーと呼ばれる。3つは，ダイナミック・ケイパビリティーといい，変化する事業環境に適応するために，能力を新しいものに変えていく能力である。以下，これらの各々を考察する。

1 資産の蓄積

多くの論者は，資源の移動不可能性の仮定から出発し，外的な競争条件を分析して，資源移動に際する障壁を詳細に研究した。だが，ディエリックス＝クール（Dierickx, I. and K. Cool）は「資産蓄積と競争優位の持続可能性」（1989）において，資源を蓄積することで準レントは持続可能になり，その結果，持続的な競争優位が達成されることを主張した[13]。

企業の戦略はフロー（その時々）の最適な意思決定からなる一方で，その企業の戦略的地位と潜在的収益はストック（ある時点における資源価値の総計）によって決定される。このストックは，資産蓄積の過程で発生する5つの属性に

よって，競争優位の持続へと至る[14]。1つは，短期間に集中的に資金投下するよりも長期間にわたり少しずつ研究を積み重ねたほうが，研究開発ノウハウのストックがより大きくできるという「時間圧縮の不経済」。2つは，すでに大きなストックを蓄積した企業は，そうでない企業と比べて，バンドワゴン効果などのようにさらに大きく価値を増大させる機会を得られうるという「資産量の効率性」。3つは，他社の成功を模倣しようとするとき，どの要素が成功要因なのか明確に定まらないという「因果の曖昧さ」。4つは，他社が新規参入することで自社の既存の資源価値が弱まるという「資産腐食」。5つは，もし新規参入されても，資産蓄積を継続している限り，常に一歩先んじて競争上の優位を保てるとする「資産ストックの相互接続性」である。

資源や能力に関する動態的な問題にいち早く注目した点で，本論文は秀逸している。この資産の蓄積の概念は，企業の内部と外部が区別されていないなどの問題を抱えていたが，1990年代の半ば以降に少しずつ整理されていった。

2　能　　力（ケイパビリティー）

ケイパビリティーとは，組織が長期間にわたり繰り返し蓄積してきた行動パターンないしは能力のことである[15]。ケイパビリティーは資源を利用しかつ取り扱う能力であるが，組織メンバー個人に属する技能（skills）と異なり，組織それ自体に属するものである[16]。

もし事業や製品の多角化をする場合，使用する資源は変化するかもしれないが，同一のケイパビリティーを利用することができる。これは，他方において，成功を経験したことのあるケイパビリティーに固執してしまうことで事業活動が硬直化する恐れもあるということになる[17]。

このケイパビリティーは，前述の資源の蓄積と類似の概念であるが，組織それ自体に付属するものに焦点を絞り込んで議論を展開している。個人に付属するものと外的な競争条件にかかわるものは，別個に考察されるようになった。

第Ⅱ部　戦略と組織

3　ダイナミック・ケイパビリティー

　有効的かつ能率的な資源をもつだけでなく，価値あるケイパビリティーを蓄積することは大切である。しかし，持続的な競争優位を勝ち取るためには，これに加えてダイナミック・ケイパビリティーを構築しなければまだ不十分である。このアプローチを採用する代表的な業績は，ティース（David J.Teece）らの「ダイナミック・ケイパビリティーと戦略経営」（1997）である。彼らは，この能力を「変化する環境に対応して，組織のもつさまざまな資源を適切に組織化する能力」として定義する[18]。

　この組織能力の役割は3つある。1つ目の調整（coordination）と統合は，組織内の諸資源を組替えたり結合したりすることである。2つ目の学習（learning）は，市場などからのフィードバッグ情報に基づいて，これまでの資源および能力を改良することである。3つ目の再形成（reconfiguration）は，資源構成を柔軟に変化させ，必要に応じて新しい資源を作り出すことである。これらの方法で資源や能力を組織化することにより，新しい生産機会を見出すことができるようになる。この成果は，組織文化のあり方あるいはガバナンス構造によって，組織ごとに差異があるかもしれない[19]。

5　むすび

　本章の狙いは，この30年ほどの間に登場し急速に発展してきた企業資源ベース論（RBV）についての概観をすることであった。第1節では，RBVが成立した背景について触れた。

　第2節では，RBVの確立について，企業内面では，保有する資源と市場に提供する製品の間に密接な関連と，強みをもつ資源の性質について考察した。また，企業外面では，資源の強みが他社に模倣されずに維持される諸要因を規定した。

第5章　企業資源ベース論

　第3節では，1990年代初頭から前半の研究成果，すなわち持続的競争優位について検討した。これも内的な資源の性質およびこれらの強みを守る外的な障壁という観点から説明されている。そして，レントの概念が登場し，戦略的資源が直接に持続的競争優位をもたらすのでなく，レントが継続的にもたらされることで優位性が持続するとする立場が明らかになった。

　第4節では，これまでの静態的なRBVの成果が動態的に検討しなおされ，同理論の新しい境地が切り開かれたことを検討した。資源の組替えや新資源の創出などの内容であり，これをケイパビリティーまたはダイナミック・ケイパビリティーと表現している。

　これまでから明らかになったことは，RBVは周辺の関連する学問領域を徐々に取り込みながら成長してきているということである。企業の外的諸条件を取り扱う産業組織論をはじめ，動態的な資源変化を分析の対象としうる進化経済学までここでは考察してきた。だが，この4，5年ほどの間に，取引費用の経済学，資源の束アプローチ，制度派・新制度派の経済学，社会心理学，ゲーム理論などの研究成果もまたRBVの枠組みに加えて，各方面で議論が展開されるようになってきた。

　それに伴って，RBVが研究対象とする領域も，戦略的経営のみならず，資源と市場の相互的な関係[20]，ガバナンスや企業家精神[21]，その他へ広がりをみせ始めている。

　また，RBVそのものの理論体系についても，用語の精緻化が進んでいる[22]。「資源とは何か」はもちろんのこと，ケイパビリティー，コンピタンス（競争力），などの主要な用語が，現在，整理されようとしている。用語を整理するだけでなく，諸概念が1つの体系のもとに秩序だって位置づけられるようになるには，まだ多くの時間がかかると思われるが，それが実現したとき，RBVはますます，学問世界と実務世界の両方にとって，その存在感を大きくするであろう。

第Ⅱ部　戦略と組織

(注)

1) SWOT分析については, Mintzberg, H., *Strategy Safari : A Guided Tour through the Wilds of Strategic Management*, The Free Press, 1998 (齋藤嘉則監訳『戦略サファリ:戦略マネジメント・ガイドブック』東洋経済新報社, 1999年) の「デザイン・スクール」(第2章)を参照。

2) Rumelt, R.P., "Towards a Strategic Theory of the Firm", in R.B.Lamb (ed.), *Competitive Strategic Management*, Prentice Hall, 1984, Chap.26, pp.560-565. 他には, Barney, J., "Firm Resources and Sustained Competitive Advantage", *Journal of Management*, Vol.17, No.1, 1991, p.101 も参照。

3) Wernerfelt, B., "A Resource-Based View of the Firm", *Strategic Management Journal*, Vol.5, 1984, pp.173-176. なお, ワーナーフェルトが規定した「魅力的な資源」は, 機械の能力, 顧客の忠誠心, 生産経験および指導的な技術力である。

4) Rumelt, *op.cit.*, pp.556-570. なお, 隔離メカニズム (isolating mechanisms) は, 先行者優位 (first-mover advantage) と類似の概念である。

5) 例えば, Porter, M.E., *Competitive Advantage*, Free Press, 1985 (土岐坤他訳『競争優位の戦略:いかに高業績を持続させるか』ダイヤモンド社, 1985年) を参照。

6) Barney, *op.cit.*, p.102より引用。

7) 組織の「有効性」と「能率」については, Barnard, C.I., *The Functions of the Executives*, Harvard University Press, 1938, pp.91-95 (山本安次郎他訳『新訳経営者の役割』ダイヤモンド社, 1968年, 95～99ページ) ならびに Pfeffer, J.and G.Salancik, *The External Control of Organizations*, Harper and Row, 1978, pp.11-12および Chap.2, 森本三男「組織有効性と組織開発」大澤豊他編『現代の経営組織:その構造とダイナミズム』有斐閣, 1983年, 第6章を参照。

8) Barney, *op.cit.*, pp.105-112.

9) 準地代については, Marshall, A., *Principles of Economics : An Introductory Volume*, 8 th ed., Macmillan, 1920 (大塚金之助訳『経済学原理』改造社, 1928年) の邦訳 (第一分冊), 154～155ページを参照。

10) RBVの区別するレントについては, Peteraf, M.A., "The Cornerstones of Competitive Advantage : A Resource-Based View", *Strategic Management Journal*, Vol.14, 1993, pp.180-184が参考になる。

11) 以上の叙述については, Amit, R. and P.J.H.Schoemaker, "Strategic Assets and Organizational Rent", *Strategic Management Journal*, Vol.14,

1993, pp.36-42を参照。ただし,彼らはレントについては詳細な分析を省き,組織レント (organizational rents) という簡潔な表現にとどめている。
12) 静態は与件が不変であると仮定された状態であり,動態は与件が変化すると仮定された状態である。なお,RBVでの与件は,革新的企業者が静態を創造的に破壊することにより変化すると考えられるため,シュンペーター的動態と呼ばれることもある。
13) Dierickx, I. and K.Cool, "Asset Stock Accumulation and Sustainability of Competitive Advantage", *Management Science*, Vol.35, No.12, December 1989, p.1509.
14) *Ibid.*, pp.1507-1509.
15) Nelson, R.R. and S.G.Winter, *An Evolutionary Theory of Economic Change*, Belknap Press, 1982, Chap.5, pp.96-136に詳しい。
16) ケイパビリティーについては,Leonard-Barton, D., "Core Capabilities and Core Rigidities : A Paradox in Managing New Product Development", *Strategic Management Journal*, Vol.13, 1992, pp.111-118にも詳しい。ただし,彼は個人に属する技能もこの能力に含めている。
17) このようなケイパビリティーの動態的特質については,Langlois, R.N., "Capabilities and Coherence in Firms and Markets", in C.A.Montgomery (ed.), *Resource-Based and Evolutionary Theories of the Firm : Towards a Synthesis*, Kluwer Academic, 1993, Chap.4, pp.71-74を参照。
18) Teece, D.J., G.Pisano and A.Shuen, "Dynamic Capabilities and Strategic Management", *Strategic Management Journal*, Vol.18, No.7, 1997, p.515.
19) *Ibid.*, pp.518-521.
20) Langlois, *op.cit.*
21) Foss, N.and V.Mahnke (eds.), *Competence, Governance, and Entrepreneurship : Advances in Economic Strategy Research*, Oxford University Press, 2000.
22) Sanchez, R., "Managing Knowledge into Competence : The Five Learning Cycles of the Competent Organization", in R.Sanchez (ed.), *Knowledge Management and Organizational Competence*, Oxford University Press, 2001, Chap.1, pp.3-37.

第 6 章
顧客サービス戦略

❶ はじめに

　製造業における"顧客サービス"の重要性が，改めて問い直されている。顧客に対して提供される価値は，製品のみならず，それに付随する顧客サービスを加えた価値の複合体である。Druckerは約半世紀前，「顧客は何を価値あるものと考えるか」「製品を買うとき何を求めているか」を問い，それを決める要因が価格だけでなく，メーカーのサービスに対する顧客の評価が重要であると指摘した[1]。そして，Levittは次のように提唱した。「人は製品を買うのではない。製品のもたらす恩恵の期待を買うのである」[2]。つまり，顧客が購入しているのは，単なる物的なモノとしての製品でなく，製品の使用から得られるベネフィットであり，その期待価値であり，それに対する売り手の誓約である。それを裏切らないことが顧客を満足させるのであり，そのために顧客サービスが必要なのである。こうして，「売り手の活動の焦点は，単に販売契約にこぎつけることから，購入後に買い手を確実に満足させることへと移行する必要がある」[3]。販売の成立は，いわば求婚行為の完了つまり結婚したということだけで，それがゴールではなく夫婦関係を工夫し結婚生活がうまくいくかどうかが真のゴールである[4]。企業にとっても，販売後に顧客との関係を拡充することが成功の秘訣であり，顧客サービスがそれにあたえる影響は大きい。

　従来，顧客サービスは無料でありながらコストを伴う不要な仕事との印象をもたれがちであった。しかし実際には顧客サービスこそが，顧客満足度を高めて，顧客ロイヤルティ（忠誠心）を向上させ，競争力および利益に貢献してい

ることに注目が集まってきた。そして,「製造企業の提供する製品支援サービス（product support service）は,競争優位性をめぐる戦いにおいて主要な競争領域になりつつある」[5]とKotlerは指摘する。

　顧客サービスには,販売前のサービス（ビフォアサービス,Pre-sale Service）と販売後のサービス（アフターサービス,Postsale Service）がある。ビフォアサービスは,顧客の求める製品・技術情報の詳細で継続的な提供,顧客の抱える問題に対する解決策の提案,顧客のニーズや使用目的に最適な製品の選択支援といった活動などであり,それを通じて顧客との信頼関係を形成して,需要の獲得を狙いとする。アフターサービスは,顧客が製品を購入した後,その製品を有効に活用し,効用や利益を生み続けられるように支援する活動であり,それを通じて顧客との強固な信頼関係を構築して,買い替え,買い増し需要の獲得を狙いとする。

　顧客サービス戦略の目標は,事業の差別化,顧客の固定化,新製品開発の情報源確保であり,これらによって顧客の長期継続的な購買行動を獲り込むことにある。顧客サービス戦略が台頭してきた背景には,市場環境がますます複雑で不透明化するとともに変化が速くなり,顧客ニーズの読解や予測が困難化し,顧客との密接な信頼関係の必要性を企業に強く意識させたことがある。加えて,市場の成熟化に伴い,買い替え需要が中心となり,企業間競争においては製品の品質にほとんど差がなくなった。そして,コモディティなど製品の差別化が難しい分野ではサービス面でいかに差別化するかが競争の焦点となり,技術が高度化・複雑化している分野ではサポート活動が顧客の購買行動を左右し,製品のソフト化が進行している分野ではソフト面に対するサービスの優劣が決め手となってきた。さらには全般的に顧客の信頼や安心に対する要求水準が著しく高まり,その対応力が企業の競争力を決定する要因になってきた。

　1990年代から関係性マーケティング（relationship marketing）が新しく大きなテーマとして活発に議論されるなど,顧客との長期継続的な信頼と満足に基づく関係を維持することが,企業の収益を高めるとの考え方に注目が集まり,さまざまな実証研究の成果も発表されている。

平均的な企業の収益は、その65％が現在の満足した顧客から生み出されており（米国経営者協会），新しい顧客を獲得するには，現在の顧客にサービスを提供するコストの5倍必要(米国顧客サービス協会)であるという[6]。コンサルティング会社のBain＆Co.の調査では，顧客維持率を2％上昇させることが利益におよぼす影響はコストを10％削減することと同じである[7]。また，顧客維持率が5％上昇した場合，顧客価値（平均顧客継続期間にわたって顧客がもたらす利益の正味現在価値）は12業種について35％〜95％上昇すると試算されている[8]。顧客サービスに対して満足した顧客がそれを話す相手は5人であるが，不満足な顧客はそれを他の11人に話してしまうとの調査もある[9]。ゼロックス社の顧客満足度調査（毎月4万人回答，5点満点）では，非常に満足（5点）と回答した顧客は，単に満足（4点）と回答した顧客の6倍も同社製品を再購入していた[10]。

これらの調査結果は，顧客との長期継続的な関係を維持することと，それを実現させる顧客サービスの重要性を示している。ただし，上記の調査はアメリカにおけるものであり，顧客サービスは従来から日本企業の多くが重視して取り組み，得意としてきた分野である。そこで次節では，日本の6つの産業分野について筆者の実態調査を基に，各々の産業で顧客サービス戦略が重要となる理由，それを成功させた企業の戦略などを検討してみよう。

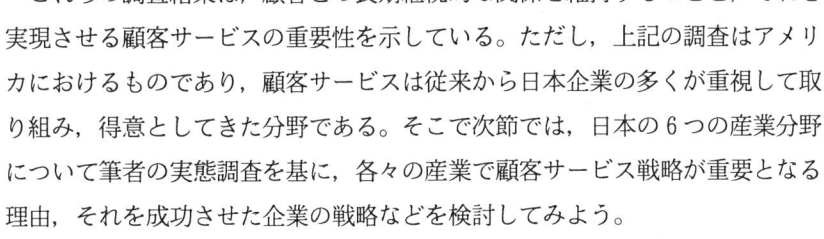

2 産業別の顧客サービスと主要企業の戦略

1 工作機械

「マザーマシン」（機械を作る機械）として工作機械は，モノづくりの基盤を支える重要な役割を担い，わが国のリーディング・インダストリーである機械工業の発展に貢献している。工作機械のユーザーは，その多くが金属加工業を営む中小零細企業であるが，絶え間ないコストダウン，精度向上，新素材加工，納期短縮に取り組み，厳しい業界環境に耐え抜いてきた。そうしたユーザーに

対し，主要な工作機械メーカーは製品とともにそれに付帯する優れたサービスを提供している。ユーザーにとって工作機械は，生産活動の中心に位置する不可欠な設備であり，しかも一般にスペアのない設備である。それだけに，最も効率的な状態で安定稼働させることが，ユーザーの生産性を高め，競争力や利益に直結する。また，通常は10年以上の耐久性をもつ長期保有資産であり，5年後，10年後に設備が最大の効果を発揮するといわれる。ところが，ユーザーの大多数は経営者中心型の中小零細企業であり，大企業のような生産現場の支援組織（保全課，工機課，生産技術課など）をもてず，メーカーのサービス体制に依存せざるを得ない状況にある。したがって，ユーザーは高い信頼性と安心感をもって工作機械が使用でき，長期的に設備価値が保持されることに重大な関心をもち，それらの支援をメーカーのサービスに求める。そのため，サービス機能・体制の優劣がメーカーの選択基準として重視される。

　メーカーの提供するアフターサービスは，次のような内容をもつ。トラブルの発生時に迅速に復旧させて生産休止時間を最小化させる。機械稼働率を向上させてユーザーのコストダウンと納期遵守に貢献する。長期的に性能・機能を維持するとともにトラブルを未然に防止する。ユーザーのかかえる諸問題に対して的確にサポートする。より高度な加工に意欲をもつユーザーと一緒に取り組む。そして，これらのアフターサービスを通じてメーカーは，長期的なユーザーとの信頼関係を形成し，リピートオーダーに結びつけ，効果的な製品改良や新製品開発のアイデアを吸収することができる。

　ビフォアサービスについては，ユーザーに対する機種選択支援が中心となる。ユーザーが工作機械設備の導入を検討するのは，何らかのワーク（加工対象物）を加工するニーズが発生したときである。そして最適な機種の選択，その成否が導入後にユーザーの利益を大きく左右する。しかしユーザーの多くは，加工に関する技術はもっていても機種選択に関する技術はもたないため，メーカーのビフォアサービスが必要になる。その内容は，最新の高度な機械・制御技術情報の提供，ユーザーニーズのサンプル加工による実証，機械技術的ノウハウの提供，総合的な知識提供（周辺装置・工具・刃具・切削油・自動機器・治具

第6章 顧客サービス戦略

など），トータルコーディネートやツールレイアウトの提案などである。これらによって，設備計画段階から稼働後までユーザーの問題解決に一緒に取り組む顧客密着型サービスが，新規・追加・取替需要の獲得に大きな影響をもつ。

　工作機械の中で機種別生産台数の最も多いNC（数値制御）旋盤は，国内のメーカー数が，横軸31社，立て軸15社，総計では36社と推定される。上位3社と生産台数シェア（1999年度）は，森精機製作所18.0％，ヤマザキマザック14.3％，オークマ13.0％であり[11]，累積シェアは45.3％に達し，上位3社のそれ以外とが二極化し，拡大傾向すらみられる。その要因の1つがサービス体制にある。上位3社は他社に先駆けてサービス拠点・要員への積極的な投資を国内外で推し進めてきた。国内のサービス拠点数は森精機製作所32，ヤマザキマザック28，オークマ19か所であり，全国のユーザーにきめ細かく対応できる体制を整備して，その他のメーカーとの差別化要因を形成した。最多のサービス拠点をもつ森精機は，最も充実したサービス体制をもち，国内向け生産出荷台数の最大手メーカーである。その成功要因は，NC時代におけるサービスの重要性にいち早く注目し，その拡充投資を目的意識的に推進したことにある。同社は社歴の古い企業が多い工作機械業界のなかで戦後に発足し，ギアの歯を研磨しないような普通旋盤メーカーであったが，1968年にNC旋盤の製造・販売を開始した。マニュアル機からNC機へ移行する際，ユーザーは，プログラミング等の新しい知識や使用方法を習得しなければならない。当時，各メーカーは自社内でNCスクールを開講し，ユーザー企業の従業員を呼び寄せて学習させていた。しかしそれを現場の実践で活かすことは難しく，ユーザーは当時，NC機が高額な設備投資であるにもかかわらず使いこなせないという問題に直面していた。そこで，森精機は社員をユーザーの工場に派遣し，長期出張指導を行った。1か月にわたる長期出張指導でユーザーの仕事を一緒にこなし，寝食を共にすることも少なくなかった。ユーザーの現場においてユーザーが使いこなせるまで徹底して教え込む森精機の方法は，ユーザーの問題を解決し信頼を得るサービスとして高く評価され，その後の拡販を成功に導く原動力となった。ここから森精機は，ユーザーと一緒に取り組むことにサービス戦略の原点

を見出し，次々とサービス拠点・要員およびサービス内容を拡充して，顧客密着型のサービス体制で販売競争力を獲得したのである。

2 建設機械

「地球と戦う機械」ともいわれる建設機械は，消耗・損耗・故障が避けられない苛酷な条件下で使用されている。メンテナンス，修理，部品補給に要する費用は，機械の寿命までに機械本体の購入価格と同程度，長期間使用すればその2～3倍にもおよぶほどサービスに対する依存度が高い機械である。

ユーザーは，工事を請け負っても機械が稼働しなければそれを全く遂行できない。故障の発生や修理の遅れは，設備稼働率を低下させてユーザーに損失をあたえる。油圧ショベルなど土木建築工事の最初の工程で使われる機械のトラブルは，それ以降の段取りや工期に多大な影響をおよぼし，他の工事業者にも損失が波及する。そこでユーザーは通常，各メーカーのサービス体制を十分に検討して発注する。そのため，メーカーはアフターサービス網を拡充し，何処でも迅速に修理できる体制を整備することが受注獲得の条件となり，サービスの優劣が新規・取替受注時の販売競争力に結びつく。

建設機械におけるアフターサービスは，製品の故障を未然に防止して修理費の低減を図る予防保全活動，製品の機能を迅速に回復させるための故障休車時間短縮活動などからなる。ビフォアサービスは，ユーザーの使用条件に適合した作業効率のよい製品を選択するための技術的な支援活動，安全かつ効果的な製品の使い方をオペレーターに指導する活動，経営者・管理者の機械管理と施工技術のレベルアップを図る活動などからなる。

これらのサービス活動を顧客に密着して迅速かつ的確に行い，顧客満足度を向上させてリピートオーダーを獲得することが，大きな需要変動の中で激しい競争を展開する建設機械市場においてサービス戦略の直接的な目的となる。加えて，サービスを通じて製品不良につながる情報を収集し現製品を改良するとともに，新製品開発につながるアイデアやニーズを吸収して次世代製品を開発

し，それら製品によってさらに顧客満足を高めてリピートオーダーの拡大を図る継続的・組織的対応も，サービス戦略の重要な目的である。

建設機械の中で生産台数・金額の最も大きい油圧ショベルの国内出荷台数シェアは，小松製作所（コマツ）31.1％，日立建機26.1％，新キャタピラー三菱19.2％である（2000年）[12]。国内サービス拠点数は，コマツ508，日立建機373，新キャタピラー三菱は約300と，概ねシェアに比例する傾向にある。油圧ショベルの国産化は，1961年に新三菱重工業（導入技術），65年に日立建機（自主技術）が先行し，コマツは68年に後発で生産を開始したが，70年代半ばから急速にシェアを伸ばした。コマツは油圧ショベルの参入前からブルドーザーのトップメーカーであった。ブルドーザーは，一般に足回りの損耗が激しく頻繁に修理を要する。そこから同社は，サービスの重要性をいち早く認知し，サービス体制の充実強化に取り組んでいた。その知識と経験の蓄積は，油圧ショベルに事業の重点を移してからもいかされ，ブルドーザーよりも相対的に損耗しにくい油圧ショベルを専業とする他のメーカーに対し，コマツはサービスで優位差をつけた。また，コマツは60年代に直接販売・直接サービス部門に加え，全国各地の有力企業を中心にサービスディーラーを組織していたが，それら両者を70年代半ばに統合してディストリビューター制に再編成した。これによって，販売とサービスを一体化したディストリビューターを全国に展開し，強力な販売・サービス体制を構築したことが，油圧ショベルの販売競争力とシェア拡大に大きく貢献したのである。

3　昇　降　機

「縦の交通機関」として不特定多数の人が利用するエレベーター等の昇降機は，利用者を安全かつ快適に目的階へ運ぶため，安全性・信頼性に対する要請が高く，優れた保守サービスを必要とする。また，エレベーターは2万点もの部品がミリ単位の精度を保ちながら数百か所で連動している精密機械であり，長期間保有する設備資産である。経年変化や使用方法によって少しずつ確実に

変化する機械設備に対し，ミリ精度の適切なメンテナンスを行い，エレベーターの機能・性能を長期間維持することが要求される。エレベーターの使用可能期間は，その複雑なシステムやメカニズムに対処できる専門技術者によって，適切なインターバルで的確なメンテナンスを行うか否かによって変わる。さらに，建築物が顧客の主要な事業基盤である場合（百貨店，ホテル，大型ないしシンボリックなテナントビル等），エレベーターはその重要な要素となり，顧客の事業に対する評価や評判に影響をおよぼす。こうして顧客にとっては，メンテナンス・サービスの適否が自らの資産価値や利益を左右する。したがって，サービスに対する顧客の要求は厳しく，メーカーにとっては顧客の信頼感を確保できる優れたサービス体制を構築することが，受注獲得の条件となる。

　エレベーターのサービスは，製品品質を補うサービスから顧客満足を得るサービスへと発展してきた。エレベーターは，かつて故障が多く満足に動かない時代が続き，製品の実際品質は顧客の期待品質をかなり下回っていた。そのギャップを補い顧客期待水準に近づけることがサービスの役割であった。製品品質が向上してからは，機能・性能の維持だけでなく，高い快適性，利便性，経済性，安心感が要求され，顧客満足を追求するサービスに重点が移った。

　アフターサービスとしては，メンテナンスの質の高さ，緊急時の救出や補修の迅速な対応などが，新規・増設・取替需要を獲得する条件となり競争力に結びつく。ビフォアサービスとしては，詳細な製品・技術情報を設計事務所や建設会社に対し継続的に提供する受注前営業・技術活動（スペックイン活動）が必要であり，これによって自社製品の仕様を取り入れた設計，および建築主に対する自社製品の推奨を働きかけることが受注獲得に重要である。

　エレベーターの生産高シェア（1999年）は，三菱電機30.0％，日立製作所27.8％，日本オーチスエレベータ17.7％，フジテック11.0％，東芝10.6％である[13]。トップメーカーである三菱電機は，1950年代にその地位を獲得して以来，シェア30～40％を維持している。その要因の1つが優れたサービス体制にある。1954年にわが国初の保守サービス専門の100％子会社を設立してサービス専門の技術者・作業者を育成し，初期的な採算を度外視してまで各地に保守要員を

駐在させて全国的サービス網を構築するなど，サービス部門の拡充にいち早く注力した。故障発生時の即応体制を確立したことなどが，営業活動に好影響をもたらした。さらに，そうしたサービス体制を発注条件とする顧客の増加に伴い，有利な受注活動を展開した。その後も昇降機事業におけるサービスを重視し，その投資を目的意識的に続行し，業界をリードするサービス・インフラストラクチャーを確立した。現在では，サービス拠点数279，情報センター13か所，フィールドエンジニア6,000名，昇降機検査資格者3,000名を擁する業界最大のサービス・インフラストラクチャーを整備し，業界最大の保守サービス台数（17万台，シェア35％）を確保するとともに，製品受注競争力を持続させる要因としている。

4　コンピュータ

　コンピュータ事業は，そのサービスのライフサイクル［企画→導入→保守→運用］を通じてユーザーの安心と信頼を獲得することが，メーカーの競争力を左右する。メインフレームなどは特に，従来からこうした傾向が顕著であった。

　コンピュータの販売態様をみると，IBMをはじめとする外国メーカーはハードと基本ソフト（OS：Operating System）だけを販売し，ユーザーの業務用アプリケーション・ソフトはユーザー自身が開発するという契約が一般的で，富士通などの日本メーカーは，プラットホームの提供に加えて業務用アプリケーション・ソフトもユーザーと一緒になって原則無償で開発してきた。この「手離れの悪さ」が日本のコンピュータ・ビジネスの特徴であり，ハードウエアを販売するためにはこのサービスが非常に重要であった。

　そして，業務用アプリケーションの開発から導入後の運用まで，一貫して顧客密着型のサポートサービスを行うことが，顧客との長期的なリレーションシップを獲得し競争優位を確立することにつながった。また，このサービスを通じてユーザーの業種・業務とは何か，コンピュータがどこで，どのように使われ，どのように役立ち，どのようなメリットがあるのか，そのノウハウはど

第Ⅱ部　戦略と組織

こに蓄積されるのかなど，ユーザーの業種や業務に関連する知識を獲得し蓄積してきた。これによって，顧客に提供できる価値とその貢献度を的確に把握し，サービスが先行してハードが売れるといった発想の転換につながった。

コンピュータシステムに対するユーザーの依存度が高まるにつれ，システムの安定稼働への要請が高まり，保守サービスは一層重要になった。メインフレームはハード・メーカーごとの特殊仕様であり，それを購入すれば必然的に当該メーカーが保守サービスを行うことになる。サービスはハードと一体化しており，サービス体制の充実度もメーカーを選定する要因になった。導入後もシステムの安定稼働を実現させる顧客密着型サービスによって顧客のロイヤルティを高めることで，再購入（リプレース）されることが多く，サービス体制の充実度でハードが売れる時代を築いてきた。

富士通は，1979年度にコンピュータ売上高で国内トップメーカーとなって以来，その地位を持続させてきた[14]。その要因の１つが顧客密着型の充実したサービス体制にある。サービス体制の充実度は，システム構築と安定稼働を支えるSE（system engineer）とCE（customer engineer）の要員数およびサービス拠点数が最終的な決め手になる。それらの育成と拡大に同社は他社に先駆けて取り組み，現在ではSE30,000名，CE13,000名，サービス拠点1,000か所を擁し，他社を圧倒する体制を確立している。なお，いくつかのユーザー・アンケート調査で，富士通の保守サービスに対する高い評価がでている。また，顧客密着を目的意識的に推進するため，早くも1960年代にユーザー業種別の組織編成とし（例えば大学向けの専門部署を1969年9月に業界ではじめて設置），ユーザーの業種・業務知識を専門的に熟知した最適なサービスの提供を他社に先駆け推進した。そのような顧客密着サービスを基に，各業種・業務の知識・ノウハウおよび技術やプロジェクトの管理能力を支える人材・仕組み・ツールを蓄積してきたことが今日，ハードウエアの競争力とともにソリューションを中核とするソフト・サービス事業の拡大をもたらした。

第6章　顧客サービス戦略

5　住　　宅

　代表的な高額商品であり，典型的な耐久財である住宅は，顧客の社会生活基盤として長期的な利用価値が求められるとともに，顧客の生涯にわたる資産価値としても重大な意義がある。しかし，顧客にとって注文戸建住宅は，販売物件を契約前に目にみえる形で確認できない。そこで，ハウスメーカーは，顧客のさまざまな注文に応じながら信頼感を形成していく難しい営業活動が要求され，ここに適切なビフォアサービスが必要となる。また住宅産業は，膨大な数の部材，さまざまな職種を必要とするアッセンブリー産業であり，しかも各現場で施工し完成させなければならず，プレハブ化や部材のプレカット化が進んだハウスメーカーであっても現場施工の比重が大きい。こうして，たくさんの不確定要素を内包してつくられる最終完成品が住宅であり，その品質管理は困難である。そのため，竣工後に発生するトラブルやクレームに的確に対応できるアフターサービス体制，そして顧客の長期にわたる快適な暮らしと資産を守れるメンテナンス体制の整備がハウスメーカーに要求され，これらの優劣に対する評価が競争力を左右するようになっている。

　ハウスメーカーの中でプレハブ住宅（Prefabricated House）メーカーは1960年頃に誕生して以来，品質やアフターサービスへの信頼感，デザイン・企画力およびブランド力などを高めて順調に発展してきた。プレハブ住宅の販売戸数シェア（2000年度）は，積水ハウス23.8％，大和ハウス16.2％，ミサワホーム13.8％，積水化学9.1％，ナショナル住宅7.6％である[15]。積水ハウスが1975年以来トップメーカーの地位を持続させてきた要因の1つはサービス体制にある。同社は1970年代，クレーム対応のための施策や組織改革を矢継ぎ早に打ち出し，1985年には既存顧客60万世帯の住宅を訪問してアフターサービスを改めて行い，苦情・要望・意見に応えるかたちで既客との結びつきを強化し，1987年には既客訪問の専門部署（サービスセンター）としてカスタマーズセンターを業界他社に先駆け新設した。その後，各営業所のアフターサービス課を複数まとめて独立組織化し，全国各地にカスタマーズセンターを設置した。この狙いは，組織

を独立させて権限を付与し、営業所と一定の緊張関係を保ちつつ顧客の立場に立ったサービスを専門的に行うことにあった。営業所ごとのサービス活動ではその拠点の業績悪化や営業担当者・現場監督との馴れ合いから顧客本位のサービスになり難いためである。現在では62か所のカスタマーズセンターが、顧客満足の向上に効果をあげている。

　また、ハウスメーカーは近年、展示場による営業の非効率性から、既存顧客の満足度向上による新規顧客紹介に営業戦略の重点を移している。積水ハウスは販売戸数のうち、既客紹介率が現在59.3％に達し、展示場比率は31.1％にまで低下している。既客紹介率の業界平均は30％程度とされており、積水ハウスの顧客満足度の高さを裏付けている。さらに、積水ハウスは1990年に住宅総合研究所を設置し、「納得工房」と呼ばれる施設をつくった。住宅は顧客と一緒につくりあげるという特性をもち、顧客の抱える生活課題等を解決するための提案と、それに対する顧客の信頼と納得を得る営業姿勢が重要である。「納得工房」は、さまざまな住宅設備を実際に配置し、顧客が設計段階でそれらを試用・操作・比較して実体験から納得できるようにサポートするビフォアサービスの機能を効果的に発揮している。

6　自　動　車

　自動車は、複雑・精密な機械的構造をもち、精緻な数万のパーツが完全に調和し続けなれば適切な機能を発揮できない。使用状況は千差万別であり、故障の発生は時と場所を選ばず、しかも業務や生活に欠かせない輸送手段でもある。したがって、適時、適切なアフターサービスがユーザーの満足度向上および再購入に大きく影響するため、そこに販売促進効果が求められる。

　トヨタ自動車は、グループ内にサービス部門重視の伝統を生み、今日の強力なトヨタサービス網を構築してきた。自動車が大衆化時代を迎えたときには、販売拡張の重要なカギをにぎるものとして、市場が成熟期に入ってからは、顧客の信頼を得て代替需要の獲得につながるものとして、アフターサービスの重

要性が一層高まった。これに対してトヨタは，サービス体制を徹底して拡充し，トヨタ車への信頼を高めて販売促進効果をあげた[16]。トヨタの販売会社直営サービス工場数は，1964年543，1966年704，1970年1964，1975年2445，1985年3374，1995年4844[17]，と拡大の一途を辿り業界最大数を維持している。

　わが国の輸入車市場は，1980年代後半から飛躍的に拡大した。輸入商社による高価格・少量販売の時代から，海外自動車メーカーが自らの資本でインポーター（輸入専業者）を設立して大規模な投資を行い，事業基盤を整備拡充し，メーカー主導の事業戦略を展開する時代に転換したのである。そして，新車整備・点検センター，部品センター等の大型施設の設置，専売制の販売網を構築するとともに，自動車販売拠点に必要なショールーム・サービス工場・部品ストックの三位一体化を推進した。これによって従来，輸入車の購買阻害要因とされていたアフターサービス体制の欠陥（適切なサービス工場の少なさ，補修部品の入荷困難，修理時間の長さ，割高な費用等）が大きく改善され，国産車ユーザーの代替需要を取り込める状況になった。最近の調査によれば，輸入車ユーザーの総合満足度に最も大きな影響を与える要因はサービスであり，特に販売後のアフターケアの善し悪しがユーザーの総合満足度を左右している[18]。そして，サービス内容の優れた輸入車が販売台数を伸ばす傾向にある。

　こうした新しい展開に先鞭をつけたのが，BMWジャパンであった。同社は「エスキモーに雪を売るようなもの」といわれた日本の自動車市場に参入後，9年間で販売台数を10倍に伸ばした。「1台目はセールスが売り，2台目はサービスが売る」ことを目標にサービス体制を拡充し，さらに新しいサービスプログラムを次々と開発し，24時間緊急サービス，メンテナンス・サービスパッケージ（保証内容の拡充）等を他社に先駆け導入して，サービス体制で業界をリードした。

　また，2000年に史上最高の輸入車販売台数（輸入車シェア24.3％）を記録したフォルクスワーゲングループジャパンは，魅力的な新車投入だけでなく，アフターサービスに対する満足度調査で高い評価を得た。最大規模の整備センターとサービス拠点数，部品の即納率98％，サービス要員の技術レベルを管理する

第Ⅱ部　戦略と組織

厳格なマイスター制度，サービス内容の拡充など，「アフターサービスは第2のセールスマン」と位置づけられ，販売拡大の原動力となっている。

三　む　す　び

　製造業の顧客サービス戦略について，前節で6つの産業分野を対象に実態を分析した。これらの産業の製品は，顧客にとって長期にわたる使用を目的に保有する固定資産であり，長期的な使用価値が重視される。メーカーにとっては，「売り切り」「売りっぱなし」にできない「手離れの悪い」製品であり，販売の前後を通じて当該製品の使用価値向上に顧客と一緒に取り組む顧客密着型サービスが重要な製品である。こうした産業で顧客満足度およびメーカーの競争力を高めるには製品や技術が優れているだけでは不十分で，顧客の長期的な使用価値を高められるサービス機能・体制の充実度が決定的に重要となる。メーカーは，このサービスによって事業システムを差別化し，そこで優位性を実現して競争優位の確立を狙うことができる。前節の事例にあげた企業（トップメーカー）は，こうしたサービスの重要性をいち早く認知し，その拡充投資を目的意識的に推進して，優れた顧客サービスを実現させた。それが持続的な競争優位を確立する条件を構成した。

　優れた顧客サービスは，次のような内容をもっている。顧客のニーズや課題を実証的に解決するコンサルティングおよびソリューション機能，顧客が製品と技術を十分に活用できるエンジニアリング・サポート体制，種々のトラブルで顧客の生産活動等を阻害させないクイック・レスポンス体制，顧客のより高度化したノウハウ，アイデア，ニーズを引き出して顧客と一緒に挑戦的に取り組むテクノロジー・サービス体制などである。

　顧客サービス戦略の基本思考をソリューションにおき，産業財ならば「顧客の事業課題の解決」，消費財ならば「顧客の生活課題の解決」に焦点を当てた顧客サービスの追求が効果的である。産業財の場合，顧客の生産手段等として

第6章 顧客サービス戦略

事業遂行に必要不可欠な設備であり、その使用価値を高めることが顧客の利益に直結する。顧客サービスは、顧客との長期的な関係性を確立して諸問題を解決し、顧客の競争力と利益の向上を第一義の目標とすべきで、それが達成できれば自らの競争力と利益も得られる。

新製品開発に対しても顧客サービスは重要な効果がある。そもそも顧客のニーズを最も良く知っているのは、顧客自身に他ならない。また、メーカーはモノづくりに優れ、製品技術が高くても、その利用に関する経験・知識・ノウハウは一般に最終顧客であるユーザーの方が優れている。例えば、金属を実際に高精度で加工しているのは工作機械メーカーでなく、それを使用しているユーザーである。金融・流通等の各業務に精通しているのはコンピュータ・メーカーでなく、それを使用しているユーザーである。しかも、その製品を使用して厳しい競争に打ち勝ってきた実体験は、ユーザーに固有のものである。製品技術はメーカー、利用技術はユーザーが一般に優れている。ところが、わが国製造業の流通チャネルは、直接販売でなく、流通業者を介在させる間接販売が多くを占めるため、メーカーとユーザーの直接的な交換関係は少ないのが実態である。そこで、顧客サービスがメーカーから直接ユーザーに対して行われる際、ユーザーと一緒に使い方を経験し、問題を一緒に解決して、ユーザーとの絶え間ない関係から知識、ノウハウ、アイデア、ニーズを吸収できる。顧客サービスは、ユーザーとの直接的で緊密な信頼関係をつくり、ユーザーニーズに真に適合した新製品の迅速な開発と開発リスクの低減を可能とし、効果的な開発体制の構築に貢献する。

（注）
1) Drucker, Peter F., *The Practice of Management*, Harper & Brothers Publishers, 1954, pp.54-55.（上田惇生『[新訳] 現代の経営（上）』ダイヤモンド社、1996年、76-78ページ）
2) Levitt, Theodore, *The Marketing Mode*, McGraw-Hill, 1969.（土岐 坤訳『マーケティング発想法』ダイヤモンド社、1971年、3ページ）
3) Levitt, Theodore, "After the Sale is over…", *Harvard Business Review*,

83(5), 1983, p.87.
4) *ibid.*, p.87～89.
5) Kotler, Philip, *Marketing Management*, sixth edition, Prentice Hall, 1988, p.489.
6) Vavra, Terry G., *Aftermarketing : How to keep Customers for Life Through Relationship Marketing*, Business One Irwin, 1992, p.13.
7) Christopher P, et al., "Smart Selling How Companies are Winning over Today's Tougher Customer", *Business Week*, August 3, 1992, p.47.
8) Reichheld, Frederick F., *The Loyalty Effect : The Hidden Force Behind Growth, Profits, and Lasting Value*, Harvard Business School Press, 1996, p.36.
9) Heskett, J.L., W.E.Sasser, Jr. and L.A.Schlesinger, *The Service Profit Chain : How Leading Companies Link Profit and Growth to Loyalty, Satisfaction, and Value*, The Free Press, 1997, p.63.
10) *ibid.*, p.81.
11) 矢野経済研究所『日本マーケットシェア事典』(2001年版), 316ページ。
12) 『日経産業新聞』2001年7月13日。
13) 矢野経済研究所, 前掲書, 350ページ。
14) 大型汎用機の国内出荷台数シェア (1997年) は, 富士通31.9%, 日本電気28.6%, 日立製作所16.4%, UNISYS12.1%, IBM10.8% (Dataquest調べ)。
15) 『日本プレハブ新聞』2001年7月25日。
16) トヨタ自動車販売『トヨタ自動車販売の歩み』1962年, 249ページ, 同『モータリゼーションとともに』1970年, 141ページ, 同『世界への歩み トヨタ自販30年史』1980年, 485ページ。
17) 『自動車年鑑』『整備界臨時増刊号』各年版による。
18) 日本自動車輸入組合『輸入車市場調査：ユーザー調査による外部環境・市場構造変化の要因分析』1998年, 46ページ。

　　本章の執筆にあたっては, 筆者の実態調査のうち, とりわけ, 日本工作機械工業会, 日本工作機械販売協会, 森精機製作所, コマツ, 日立建機, 三菱電機, 三菱電機ビルテクノサービス, 富士通, 日本プレハブ建築協会, 積水ハウス, 日本自動車輸入組合, BMWジャパン, フォルクスワーゲングループジャパンの関係者の皆様から, ヒアリング調査ならびに資料提供に多大なるご協力をいただいた。紙面をお借りして, ここに謹んで感謝の意を表する次第である。なお, 国士舘大学経営研究所の研究助成にも謝意を表したい。

第 7 章
組織変革と組織慣性

1 はじめに

　バブル経済崩壊後，多くの日本企業は収益の悪化に苦しんでいる。また，規制緩和の進展によるグローバル競争の激化，ITの進展に伴う急激な変化により，企業はこれまでにない厳しい経営環境に直面している。このような事態に対して，企業は懸命にリストラクチャリング（事業の再構築）に取り組み，組織変革を試みているが，一部の企業を除いて，多くの成熟した企業は必ずしも高い成果をあげていないのが現状である[1]。

　本章では，なぜ企業は変化を嫌うのか，なぜスムーズに現状を打破すべく創造的企業へと変身することができないのかを主たるテーマとし，その根本原因を「組織慣性（organizational inertia）」に求め，現在，成熟企業が抱えている組織内部の状況を浮き彫りにし，どのような課題を克服していかなければいけないのかを明らかにする。

2 組織慣性に陥るプロセス

　成熟した企業には，変革を妨げる組織慣性がある。組織慣性とは，変革を試みようとした際に，組織内部においてさまざまな抵抗が発生し，変革を妨げる反作用の力が働き，結果として事態が変わらないことをいう。「組織変革」をスローガンに声高く叫んでみたところで，組織内部で発生する組織慣性を理解

しなければ，どのような変革を試みたところで,「絵に描いた餅」で終わってしまうであろう。

ハナン＝フリーマン（Hannan, M.and J.Freeman）は組織慣性には，企業の年数（age）と規模（size）が大きな影響を与えるとしている[2]。当節では，この点をふまえて，まず，どのようにして企業は組織慣性に陥ってしまうのか，その典型的なプロセスをみていくことにしよう。

考察に当たっては，企業の年齢と規模を考慮に入れ，創業期，成長期，成熟期に分けて議論を進めることにする[3]。

(1) 創 業 期

創業期は，一般的に，規模は小さく，従業員の数も少ないため，組織のメンバーは，組織の共通目的をお互いに共有しており，モチベーションも高い。しかしながら，組織の年齢が若いため，いまだ不確定な要素が多く，おそらく組織運営に関しては試行錯誤の連続であろう。組織メンバーは，必死に成功への方策を模索し，うまくいかなければ，すくさま修正するという行為を繰り返す。この時期は，企業の発展とメンバーの満足とが同一化され，メンバーは希望と夢に満ちあふれている。

このように，創業期においては，メンバーは熱気にあふれ，組織の活力は大変高いといえる（裏をかえせば，創業期において，このような活力がなければ，次の段階に行く前に淘汰されてしまう可能性が高いといえよう）。また，この時期は，どのようにすれば効率良く組織運営が可能かといった「組織ルーティン」をメンバー自らが形成する時期であり，変革を妨げる組織慣性はゼロに等しいといえる（ここでいう「組織ルーティン」とはメンバーが日々行使する組織内での意思決定ルールと解釈してよい[4]）。

ただし，この時期は，まだ顧客の当該企業への認知度が低いため，広告宣伝費がかかり，また研究開発費や設備投資もかかるため，一般的に支出が高く利益の少ない時期であるといえる。

(2) 成　長　期

　成長期に入ると，不確定要素はかなり減少し，メンバーは何をすればうまくいくかがかなりみえてくる。具体的には，顧客の求めるニーズがわかるようになり，組織にかなり情報が入ってくるようになる。顧客のニーズに合わせた製品改良が行われるようになり，また，大量生産に向けての製品の標準化が進み，低価格で製品を供給することが可能となることから，売上高が急速に伸びる時期である。

　組織内部においても，創業時のような試行錯誤による組織ルーティンの形成，といった時期は終わり，メンバーは逆に形成された組織ルーティンを徐々に遵守するようになってくる。責任や役割分担といったものが明確になり，メンバー間での考え方や行動も予測がつくようになり，組織内に安定感がでてくる。いわゆる「軌道に乗ってきた」という状態であり，徐々に成功体験が蓄積され，それが語り継がれていく時期でもある[5]。

(3) 成　熟　期

　成熟期になると，売上高のカーブは緩やかになり，差別化など何らかの手を打たなければ売上高は頭打ちとなり，徐々に減少するようになる。しかしながら，この時期になると，当該企業の製品は広く顧客に認知されるようになり，もはや広告宣伝に費やす費用は以前ほどかからなくなり，また技術改良もこれ以上のイノベーションが望めない段階にあり，これまでのような追加的投資がかからなくなることから，当分の間，一定の利益を確保することはできる。

　このような状況が続くと問題が発生し始める。これまで順調に伸びてきた売上高が横ばいないし減少し始め，明らかにこれまでとは異なる変化が起こっているにもかかわらず，やっかいなことに利益がほどほどでているため，「まだ大丈夫」という意識が依然として組織内には蔓延しているのである。これが「ゆでガエル現象」といわれるものであり，成熟期における企業が陥りやすい現象の1つである。

　「ゆでガエル現象」とは，カエルを水の入った鍋に入れ，それに火をかけて，

だんだん熱くしていくと，カエルは気づかずに，ゆであがって死んでしまうことに由来する。企業に置き換えると，変化に察する能力に欠け，変化がおきても反応せず，気がついたときには，取り返しのつかないほどに状況が悪化していることを意味する[6]。

では，なぜこのような現象が起きるのか組織内部に目を向けてみよう。

創業期，成長期を経た企業は，成熟期になるころには，規模も大きくなり，従業員数や組織の階層も増加しており，必然的に，創業時のような，メンバー間での共通目的の共有や，スムーズなコミュニケーションといったことはもはや期待できなくなっている。

また，成熟期になると，不確実性はほとんどなくなる。売上高のカーブが緩やかになり横ばい状態が続くと，将来への需要の見通しが立てやすくなり，またこの時期になると競争相手の行動も予測が立つようになる。

このように規模が大きくなり，不確実性がなくなると，組織内部では，メンバーはこれまでに蓄積されてきた組織ルーティンに支配されるようになり，より良いものを目指して新たな組織ルーティンを模索するということは「秩序を乱す」逸脱行為として却下されるという特徴をもつことになる。今ある組織ルーティンを遵守すれば，一定の成果を挙げているのだから，敢えて新しい事にチャレンジすることはない，逆に危険であると，多くのメンバーが考えるようになる[7]。組織は，官僚主義的な硬直化した体質をもつようになり，変化を避け，事なかれ主義が蔓延するようになる。いわゆる「大企業病」と呼ばれるものである。

ダイエーの創業者，中内　功氏は1983年にすでにダイエー内部の大企業病について次のような示唆に富む警告をしている[8]。

　大企業病の顕著な症状をもう一つ挙げるとすれば「動脈硬化」と呼ばれるものがある。組織の中にコレステロールがたまって血が通わなくなるわけです。そうなると，トップの方針が現場に伝わらなくなって人間の動きが悪くなる。社員の意識が非常に保守的になり，事なかれ主義になってしまうのです。ことに日本の場合，今までの人

第7章　組織変革と組織慣性

事考課は減点主義でしたから「何かやって失敗したら減点される。何もやらないのが一番安全だ」という意識を持つ人間が多くなるわけです。

周知のとおり，現在，ダイエーは経営再建に向けて懸命な改革に乗り出しているが（2002年2月時点），約20年前に，大企業病を警告しながらも，抜本的に克服することができず，中内　功氏自ら2001年に経営から完全に退くに至った経緯は，改めて大企業病の深刻さを物語っているといえよう。

この大企業病は，過去に成功した企業ほど重くかかるというやっかいな病である。創業期において，必死に成功へと導くための組織ルーティンを模索し，形成していった企業も，「年数」を重ね，「規模」が大きくなるに連れて，過去に形成された組織ルーティンを疑うことなく自動的に遵守するようになり，新しい事へのチャレンジは否定され，組織の活力は低下してしまう。

ここに，「組織慣性」が生み出されることになる。

三　組織慣性のメカニズム

企業が，変化を嫌う理由として，組織慣性が大きく影響していることがわかったが，ハナン＝フリーマンによれば，以下の2つの理由から組織慣性は必然的に生み出される，としている。

1つ目が，「信頼性（reliability）」である[9]。不確実性の高い状況において，組織のメンバーや投資家や顧客は組織が生み出すアウトプットに対して，効率性とともに，信頼性を重視する。なぜならば，合理的な選択者であれば，将来を予測できない不確実な状況では，一定の平均的なレベルを満たしていれば，彼らは「確実」に提供される財やサービスを好むからである。具体的には，不確実性の高い状況においては，一定の水準を満たしていれば，組織メンバーであれば安定した俸給を好むであろうし，投資家であれば安定した配当を好むであろうし，顧客であれば，安定した製品やサービスの提供を好むであろう。つ

まり，組織においてはアウトプットを確実に提供するという信頼性が重要な要因となるのである。しかしながら，信頼性が重視されるということは，変化を好まないということにつながる。なぜならば，新しいことへのチャレンジには失敗がつきものであり，確実にアウトプットを提供することが不可能となり，それはこれまで築き上げてきた信頼性を失う可能性を意味するからである。したがって，組織は信頼性を失わないように，これまでどおりの組織ルーティンを繰り返し行うことを選好するようになる。

2つ目が，「説明可能性（accountability）」である[10]。これは，組織のインプットに関係してくるが，組織の資源がどのように使用され，またどのような意思決定やルールに基づいて遂行されたのか，その「適切さ」を組織の内外に説明することである。

この場合，メンバーは，場当たり的なことや，新しいことへのチャレンジは，適切な説明が困難になる可能性があり，これまでの組織ルーティンや慣例に従って行動する方が無難であると考えるようになる。すなわち，組織のメンバーは，自分のとった行動にクレームがつかないよう，説明可能性を求めて，組織にとって最善の行動を選択するというよりは，従来どおり，繰り返し行われてきた組織ルーティンや慣例に沿って行動することを選好するようになる。

このように，信頼性や説明可能性を達成するためには，安定した組織構造が必要となる。すなわち，信頼性を確保するために安定したアウトプットを提供し，同時にインプットに対する適切な説明を行うために，組織内で既存のルーティンや慣例に従って行動し，安定したプロセスを繰り返すことが要求され，その結果，組織慣性が存在することになる。

4 変革を妨げる組織慣性

次に，組織慣性が環境の変化に対して，どのように変革を妨げるかについて考察しよう。ここでは，(1)変化を認知する段階での組織慣性と，(2)変化を認知

第7章 組織変革と組織慣性

してから実行に移すまでの段階での組織慣性に分けて考察する。

(1) 変化を認知する段階での組織慣性

状況判断の誤り：大きな環境変化が起こって，これまでの組織ルーティンが通用しなくなっても，まだ大丈夫と解釈する[11]。あるいは変化は一時的なものと判断する。メンバーは，繰り返し，自動的に組織ルーティンを行使していると，確率の低い事象（この場合，大きな変化）を過小評価する傾向があり，楽観的にとらえてしまうからである[12]。

また変化の内容の判断を誤り，これまでと状況が異なっているにもかかわらず，変化の対処策として，「もっと頑張らねば」と既存の組織ルーティンをさらに強化し，泥沼にはまってしまうケースもある。

傲慢さ：企業の年数が高く，これまで成功した企業ほど，「これまで幾多の困難を乗り切ってきた，今回も大丈夫」と判断し，変化を軽視する。傲慢さからくる変化への軽視である[13]。

他人まかせ：変化を認知し，仮に一人一人のメンバーがこれまでの組織ルーティンが通用しなくなったと判断したとしても，誰か他のメンバーがイニシアティブを採って変革をリードしてくれるだろうと期待し，結局，誰も変革に着手しない[14]。規模の大きい官僚主義的な体質に陥った企業ほどこの傾向は強い。

(2) 変化を認知してから実行に移すまでの段階での組織慣性

快適さの死守：これは，組織メンバーの心理的な問題である。すなわち，変化を認知したとしても，これまで繰り返し行使されてきた馴染みある組織ルーティンを放棄したくない，という心理である。組織ルーティンの遂行によって，メンバーは逐一，どのように物事をこなせばよいかを考える煩わしさから解放され，時間とエネルギーの節約を得る。また，組織ルーティンの遂行を通じて，組織内での自分の役割について自信をもつことができ，間違ったことをするリスクを減らし，逸脱を認知することができるため，メンバーは，この快適さを放棄したくないと考え，組織ルーティンの変革に対して躊躇する。

既得権益の死守：これは，組織内での政治的な問題である。部門レベルで考えると，例えばリストラクチャリングによって，既存の部門の縮小ないしは撤退というケースがでてくる。そのとき，当該部門のマネージャーは進んでその立案に賛同するであろうか。答えは否であろう。特に，成熟企業のリストラクチャリングでは，これまで企業内で花形で本流であった部門の縮小・撤退が求められることが多い。この場合，当該部門のマネージャーは，既得権益を守るために，必死に当該部門の必要性を強調し，縮小・撤退を回避するようトップに働きかけるであろう。新事業に伴うパワーバランスの変化を嫌って，既存事業を固守する傾向がある。

また，組織メンバーのレベルで考えると，リストラクチャリングに限らず，ダウンサイジングやリエンジニアリングといった組織変革によって，組織内で用・不要の人材が明確になり，これは人員整理や給料の変動につながることを意味し，そのような変革に対してメンバーは自らの既得権益を守るため変革に対して抵抗する傾向が強い。

スイッチング・コストの発生：大きな変化に伴う組織変革は，改善や改良と異なり，メンバーのこれまでの経験や知識が無駄になってしまう可能性が高い。すなわち，新しい技能や知識の習得が必要となり，これまでに培ってきた技能や知識の放棄を意味する。長年，従事してきたメンバーほど抵抗が激しく，また年数が高い企業ほど抵抗が激しい。

取引コストの発生：取引関係についても，これまでの関係を重視することから変革を躊躇する可能性がある。仮に，変革を遂行したとしても，新たに取引相手を探したり，既存の取引相手との調整に費やす費用が生じる。

サンク・コスト（埋没コスト）の発生：組織変革により，撤退が決定された部門では，これまで投資してきた既存の設備や資産が無駄になる可能性が生じる。

第7章　組織変革と組織慣性

5　組織慣性に陥らないための方策

　組織変革を妨げる要因としてこれまで組織慣性を考察してきた。そして，組織慣性を生み出す主たる要因として，組織内で日々繰り返し行われる行動パターンとしての「組織ルーティン」が問題であることがわかった。ただし，これまでみてきたように，企業の年数・規模あるいは信頼性や説明可能性といったものを考慮すれば，成熟した企業においてメンバーが組織ルーティンを行使することは必然的であるともいえる。

　それでは，成熟した企業は，組織慣性によって必ず大企業病にかかり，倒産を待つだけの運命なのであろうか。成熟した企業でありながら，変革を続け創造的企業になるにはどうすればよいのであろうか。本節では，どのようにすれば深刻な組織慣性に陥らないですむかの指針について述べてみることにしたい。

　組織慣性に陥らないための解決の糸口の1つとして，組織ルーティンの存在が必然的なものであると仮定するならば，組織ルーティンに「学習（learning）」の機能を付加し，組織ルーティンそれ自体の概念を再解釈することの試みが必要になると考える。

　より環境に適応するための「学習（learning）」は，組織ルーティンを修正ないし強化することにより，組織慣性の矯正手段となる。特に，「行動による学習（learning by doing）」は，組織の効率性や有効性を促進し，また経験をとおして得た知識は，しばしば暗黙的な知識となり，他社が容易に模倣できない当該企業の強みとなり，組織能力を高める重要な要因となる。企業の持続的競争優位の獲得・維持には，この種の「行動による学習」によって得た模倣不可能な知識を組織ルーティンに内在化することが，貴重な経営リソースとして近年，注目されている[15]。

　しかしながら，「行動による学習」の機能を組織ルーティンに付加するだけでは組織慣性打破の十分な解決策にはならず，併せて，「学習による学習

101

（learning by learning）」という概念を組織ルーティンに内在化させることが重要であると強調したい[16]。

「学習による学習」とは，学習しながら学習方法を獲得するというものである。「行動による学習」が製品等に対する特定の知識または技能の向上を図ることを意味するのに対して，「学習による学習」では，組織メンバーが，学習を通して，学習それ自体のプロセスを理解し，学習それ自体のスキルを高めるようになり，その経験が組織の記憶の一部と蓄積されるようになることを意味する。

では，何故「行動による学習」だけでは不十分であり，「学習による学習」の概念を併せもつことが必要なのであろうか。

マーチ（March, J.G）によれば，変化への適応には，「活用（exploitation）」－すでにもっている知識の使用－と「開発（exploration）」－新しい知識の探索－の間にはトレード・オフがあり，両者の適切な組み合わせが必要であるとしている[17]。

しかしながら，「行動による学習」では，得てして「活用」の方へと，つまり既存の知識の深化へとバイアスがかかってしまう可能性が強い。いわゆる，「能力の罠（Competency Trap）」と呼ばれるものである[18]。ある特定の戦略に基づき，「行動による学習」を通じて知識や技能を深化させていった結果，より高い成果をあげることが可能になったとしよう。すると，現在の戦略はより強化され，「行動による学習」を通じて知識や技能のさらなる深化が図られるようになる。このような，正のフィード・バック・ループを通じて，潜在的により優れた戦略があったとしても（この場合，「開発」－新しい知識の探索－に当たる），現在の戦略が組織内では支配的となり，「活用」－すでにもっている知識の活用－へとバイアスがかかることになる。これを「能力の罠」と呼ぶが，「行動による学習」では，この現象に陥りやすいといえる。

構造的な環境変化に直面し，「開発」－新しい知識の探索－を余儀なくされた場合，「行動による学習」によってこれまで蓄積された知識は無駄になってしまうかもしれない。むしろ，新しい知識の探索のためには，既存の知識の棄

却を迫られるかもしれない。

　しかしながら,「学習による学習」の意義は残される。たとえ,「行動による学習」によってこれまでに得た知識を棄却することになったとしても,学習を通じて,学習のプロセスを理解し,学習のスキルをアップさせた,それ自体の経験は,「開発」－新しい知識の探索－のときにも有効であるからである。これが「学習による学習」の概念も組織ルーティンに内在化しなければいけないことの所以である。

　ここで,ソニーの事例を用いて「学習による学習」の意義を検討してみよう。

　ソニーは,いうまでもなく優良企業,創造的企業として市場から高く評価されている企業であるが,かつて家庭用据え置き型VTRの分野で敗北を喫した経験がある。いわゆるβ方式の敗北である[19]。

　家庭用据え置き型VTRの分野において,ソニーはむしろパイオニア的存在であった。1974年に,コンパクト化したβマックスの開発に成功したソニーは,松下,ビクターに統一規格を呼びかけるが,市場の将来性を見込んだ松下・ビクターグループは,同じ基本技術を使いながら独自のVHS方式を開発する。

　当初は,β方式が先行優位性を発揮するものの,徐々にVHS連合にそのシェアを奪われてしまい,80年代中盤から後半にかけてβ方式の敗北は決定的なものとなった。

　原因として,まず第一は,VHSのように同じ規格の機種を生産してくれる企業連合を形成できなかったことである。第二に,日本ビクターが自社のソフト部門,ビクター音楽産業などを巧みに利用し,多種多様なソフトを供給したのに対し,ソニーはその努力を怠ったことによる。

　しかしながら,ソニーはこのVTR競争の敗北を教訓にして,その後,停滞に陥ることなく次の戦略に生かしていく。例えば,8ミリビデオにおける規格統一やソフトの拡充を狙ったコロンビア・CBSレコードの買収である。

　VTR競争では,およそ20年間における年月を費やした。この競争の敗北で,「行動による学習」によって得たβ方式のVTRに関する知識や技能の一部は,

第Ⅱ部　戦略と組織

無駄に終わってしまったかもしれない。しかしながら,「学習による学習」, つまり学習を通じて, 学習のプロセスを理解し, 学習のスキルをアップさせた経験が, その後の競争の「戦い方」の習得につながり, 8ミリビデオにおける規格統一やソフトの拡充を狙ったコロンビア・CBSレコードの買収といった形で, 組織慣性に陥ることなく次の戦略に生かされていったと解釈することができる。

むすび

　これまで, 成熟した企業が組織変革を成功に導けない大きな原因として, 組織慣性の存在を取り上げ, 組織慣性の考察を通じて組織内部の問題点を浮き彫りにしてきた。年数・規模, あるいは信頼性や説明可能性を考慮すれば, 組織慣性の発生は必然的なものであることがわかった。

　組織慣性の克服は, その根本原因ともいえる「組織ルーティン」をどのように解釈するかにかかっている。すなわち, 組織慣性を生み出す元凶としての負の解釈ではなく,「行動による学習」や「学習による学習」を内在化した, より動的であり, より戦略的な解釈に基づいて考察することが今後は重要になろう。すなわち, 組織ルーティンに「学習」の機能を付加し, 環境変化に対応できるといった意味に再解釈した「組織ルーティン」を分析対象として, 組織慣性の克服策を考えていくことが必要となる。より具体的にいえば, 変化それ自体をも自明のものとしてルーティン化させていく努力, これこそが, 今日, 求められている成熟した企業の課題であるといえる。

(注)
1)　日本よりも早くリストラクチャリングを手がけたアメリカにおいても, 1980年代から1990年代に組織変革を手がけた企業のうち, 50〜70％は目標を達成できなかったという推計がある。詳しくは, Joseph Boyett and Jimmie Boyett, *The Guru*

Guide : The Best Ideas of the Top Management Thinkers, New York : John Wiley & Sons, 1998, Chapter 2. (金井壽宏監訳, 大川修二訳『経営革命大全』日本経済新聞社, 1999年) を参照。
2) Hannan, M.and Freeman, J., "Structural Inertia and Organizational Change", *American Sociological Review*, Vol.49, April, 1984, pp.157 – 161.
3) 企業の年齢や規模を考慮に入れた同様の研究として, 寺本義也『ネットワーク・パワー』NTT出版, 1990年, 第4章並びに古川久敬「構造こわしと集団・個人の学習」, 『組織科学』Vol.25, No.1 を参照。
4) 「組織ルーティン」についての詳しい考察は, Nelson, R.R.and Winter, S.G., *An Evolutionary Theory of Economic Change*, Cambridge, Mass. : Harvard University Press, 1982, chap 5 を参照。
5) 寺本『前掲書』, 221ページ。
6) 「ゆでがえる現象」についての, より詳しい説明は, ノエル・ティシ「グローバル・リーダーは出現するか」(NHKプロジェクト編・訳『21世紀日本企業はどうなる』日本放送出版協会, 1989年) 122〜125ページを参照。
7) 寺本『前掲書』, 222ページ。
8) プレジデント1983年10月号, 78〜79ページ。
9) Hannan, M. and Freeman, J., *op.cit.*, p.153.
10) Hannan, M. and Freeman, J.*Ibid.*, p.153.
11) Gersick, J.G. and Hackman, J.R., "Habitual Routines in Task- Perfoming Groups", *Organizational Behavior and Human Decision Processes*, Vol.47, p.80.
12) マーチ, J., 「組織のエコロジーにおける組織からの学習」, 『組織科学』25巻1号 3ページ。
13) Rumelt, R.P., "Inertia and Ttansfomation" in *Resorce-Based and Evolutionary Theories of the Firm : Towards a Synthesis*, ed.by C.A.Montgomery, Kluwer Academic Publishers, 1995, pp.107–108[ii]。
14) Gersick, J.G. and J.R., Hackman, *op.cit.*, p.81.
15) いわゆる, Resource-Based Approach である。Resource-Based Approach についての詳しい説明は, 小林喜一郎『経営戦略の理論と応用』白桃書房, 1999年を参照。
16) 「学習による学習 (learning by learning)」の概念についての詳しい説明は, Stigliz, L.E., "Learning to Learn, Localized Leaning and Techonological Progress", in *Economic Policy and Technological Performance*, P. Dasgupta and P.Stoneman (eds), Cambridge University Press, pp.126 –

第Ⅱ部　戦略と組織

130を参照。
17) March, J.G., "Exploration and Expoitation in Organizational Learning", in *Organization Science*, Vol. 2, No. 1, 1991, p.72.
18) Levitt, B., and J.G.March, "Organizational Learning", *Annual Review of Sciology*, Vol.14, 1988.
19) ソニーの事例については，慶應ビジネス・スクール「ソニー株式会社（A）〜ソニーの経営戦略〜」1996年6月を参考にした。

第8章
研究開発の現状と共同研究開発組織

❶ はじめに

　今日において，アジア諸国・地域企業，なかでも「世界の工場」といわれ始めた中国における諸企業が日本企業へキャッチアップの度合いをますます強めている。「高コスト構造」のなかで，日本企業は，いってみれば20世紀型の大量生産製品分野ではこうした諸国・地域における諸企業との競争力を低下させつつある。

　そうしたなかで，企業にとって研究開発さらには共同研究開発の意義がますます高まっている。特に，わが国企業にとっては国内では今まで市場にはなかったような新しい製品，「プロトタイプ製品」を開発し，生産することが緊要となるであろう。そのためには新しい生産工程の開発も当然必要になってくる。

　本章前半では，まず日本および日本企業における研究開発（R&D: Research and Development）の状況を使用金額や研究者数などで国際比較する。ついで，政府，大学，企業間の共同研究開発，「連携」について素描し，その上で具体的に共同研究開発の展開を跡づけてみたい。実際，共同研究開発方式はますます世界的な広がりをみせている。例えば，児玉文雄教授は共同研究プロジェクトが技術融合と需要喚起のための合理的な手段であるとみている[1]。最後に，共同研究開発とその組織形成についてなしうるインプリケーションは何か，指摘してみよう。

第Ⅱ部　戦略と組織

7　研究開発研究への視点

　研究開発を検討する場合，当然それを規定しておく必要があるが，しかしそのことは容易なことではない。「研究」と「開発」さらにはその後の段階（仮に「製品化技術」・「生産技術」という）との区別や関連をどうするかなど，すぐに困難に直面する。

　研究開発については，やや立ち入った規定として次のようなものがある。「研究開発とは，新しい科学的な原理や現象を発見したり，新しい技術的な方法を考案したり，あるいはそれらを組み合わせることによって新しい製品や技術を造りだす活動」であり，さらに，「探索的な研究から新製品を生産する技術の完成まで」が研究開発である[2]，と。差し当たり，研究開発（活動）を「技術的知識の生産（活動）」といっておいてよいだろう。

　本章ではいわゆる基礎的研究，探索的研究から新製品そのものの完成と生産工程技術の完成まで，研究者や技術者等が行う非定型的活動を研究開発の範囲に入れ，それ以後の定型的活動は，一応「製品化技術」・「生産技術」と呼んで区別することにしよう。製品化技術・生産技術のいわば前段階をなすものとして，研究開発を位置づけることができる。

　いうまでもなく，研究開発は企業・経営と深いかかわりをもつ。さらに，経済政策，産業政策，科学技術政策などとも深いかかわりをもっている。しかして，研究開発のどのような側面に着目するかによってさまざまな研究がみられることになる。ちなみに，企業・経営に限定して，筆者の周りを見回してもすぐに次のような研究が目につく。「研究開発管理」や「研究開発管理の理論と体系」に関する研究，「研究開発管理における資金管理」や「研究開発における人事管理（研究者・技術者の育成，キャリア形成）」に関する研究，「研究開発計画」や「研究開発組織」，「研究開発プロジェクト・マネジメント」に関する研究，また「企業成長と研究開発」に関する研究等々である。

第8章 研究開発の現状と共同研究開発組織

三 日本における研究開発

1 日本における使用研究開発費・研究者数

　研究費や研究者数からいくらか研究開発の状況を推察することができるであろう。研究開発費については，それを使用する側と負担する側から検討することができる。ここでは使用する側から検討しておこう。

　図表8－1から分かるように，日本ではGDPの3.1％に当たる16.0兆円もの研究開発費を使用し，73万3,000人の研究者がいる。研究費と研究者数からみる限り，日本の研究開発は欧米に比較してそう劣っているとはいえないであろう。

図表8－1　日・米・EUの研究費・研究者等（1999年度）

	日　本	米　国	EU
人口（億人）	1.3	2.7	3.8[3]
GDP（兆円）	513.7	1,059.2	1,113.2[3]
研究費（兆円）	16.0	27.9[1]	20.6[3]
研究費／GDP（％）	3.1	2.6	1.9[3]
研究者数（万人）	73.3	98.8[2]	89.2[3]

（注）(1)　1）は暫定値。2）は1995年度。3）は1998年度（暫定値）。
　　　(2)　資料では「研究費」となっているが，その規定から「研究開発費」といい換えても差し支えないと考えられるので「研究開発費」としている。以下，図表8－2～図表8－4も同じ。
（出所）　文部科学省編『科学技術白書』(2001年版)，財務省印刷局，350～351ページおよび353ページより抜粋・作成。

第Ⅱ部　戦略と組織

2　日本の使用研究開発費・研究者数の「研究開発組織」別割合

　研究開発は社会のさまざまな領域（組織）で行われている。『科学技術白書』では、「研究開発組織」を①「産業」、②「政府研究機関」、③「大学」、④「民営研究機関」に区分している。

　いま、日本の使用研究開発費の「研究開発組織」別割合をみてみれば、「産業」で使用されている研究開発費が最も多く、ついで「大学」で使用されている研究開発費が多い。その比率に若干の差異がみられるとはいえ、米国、EUとも同様の傾向にある。研究者数でも、「産業」における研究者数が最も多く、ついで「大学」が多くなっている。使用研究費でみた場合よりもより差異がみられるとはいえ、米国、EUともほぼ同様の傾向にある（図表8－2）。

図表8－2　各国使用研究開発費の「組織別」比率（単位：億円、千人。括弧内は％）

		産　業	政　府 研究機関	大　学	民　営 研究機関	合　計
日本	研究開発費[1]	106,302 (72.3)	14,450 (9.8)	19,899 (13.5)	6,454 (4.4)	147,105 (100.0)
	研究者数[2]	433.8 (67.4)	29.2 (4.5)	167.2 (26.0)	13.8 (2.1)	644.0 (100.0)
米国	研究開発費[3]	214,705 (75.4)	28,816 (10.1)	32,437 (11.4)	8,812 (3.1)	284,770 (100.0)
	研究者数[4]	789.5 (79.9)	53.9 (5.5)	134.3 (13.6)	10.0 (1.0)	987.7 (100.0)
EU	研究開発費[5]	130,767 (63.4)	31,372 (15.2)	42,514 (20.6)	1,466 (0.7)	206,120 (100.0)
	研究者数[6]	414.6 (48.4)	122.2 (14.3)	307.5 (35.9)	11.8 (1.4)	856.1 (100.0)

（注）(1)　1）1999年度　2）2000年度　3）2000年度（ただし、暫定値）
　　　　　4）1995年度　5）1998年度　6）1997年度
　　　(2)　比率の合計は四捨五入のため、100.0％にならない場合がある。
（出所）　図表8－1に同じ。354ページ、356ページおよび365～366ページ、368ページより作成。

第8章　研究開発の現状と共同研究開発組織

3　研究開発の段階別状況

　研究開発は，「基礎研究」，「応用研究」そして「開発研究」という3つの段階に分けられることがある（補注）。

　（補注）①　「基礎研究」とは，特別な応用，用途を直接考慮せず仮説や理論の構築を目指す研究または新しい知識を得るための実験的研究である。
　　　　②　「応用研究」とは，基礎研究によって発見された知識を利用して，特定の目的を定めて実用化の可能性を確認する研究またはすでに実用化されている方法についてさらに新たな応用方法を探索する研究である。
　　　　③　「開発研究」とは既存の材料・製品・装置・工程等の改良や新しいそれらの導入といった基礎研究，応用研究および実際に得た知識を利用する研究である[3]。

　基礎研究，応用研究，開発研究については，「産業」や「民営研究機関」では「開発研究」費の割合が高く，「政府研究機関」や「大学」では，「基礎研究」費の割合が大きいことが予想される。いま，図表8－3から，この点をみてみると，確かに日本においては総じて「開発研究」費の割合が高くなっている。
　欧米においては開発研究よりも基礎研究の方が比重が高いというイメージが一般的にもたれているといえよう。ところが米国では「全体」では，日本の場合ともほぼ同様の傾向にあるといえよう。EUのデータが得られないので，EUのうちで最もデータが整備されているフランスの場合でも，「全体」ではほぼ同様のことがいえよう（図表8－3）。

第Ⅱ部　戦略と組織

図表 8 − 3　日本における研究開発費の性格別比率（1999年度。単位：％）

		産業	政府研究機関	大学	民営研究機関	全体
日　本[1]	基礎研究	5.8	24.9	52.6	15.4	14.1
	応用研究	20.5	27.9	38.0	22.0	23.6
	開発研究	73.7	47.1	9.4	62.6	62.3
	計	100.0	100.0	100.0	100.0	100.0
米　国[2]	基礎研究	7.1	26.1	67.0	51.8	17.2
	応用研究	19.7	28.3	25.3	28.5	21.5
	開発研究	73.2	45.6	7.8	19.6	61.3
	計	100.0	100.0	100.0	100.0	100.0
フランス[3]	基礎研究	4.4	35.3	86.0	38.9	25.1
	応用研究	28.0	33.8	13.3	43.4	26.7
	開発研究	67.5	30.9	0.7	17.7	48.2
	計	100.0	100.0	100.0	100.0	100.0

（注）(1)　1）1999年度　　2）2000年度（ただし，暫定値）　　3）1998年度
　　　(2)　比率の合計は四捨五入のため，100.0％にならないことがある。
（出所）　図表 8 − 1 に同じ。363〜364ページより抜粋・作成。

4　日本の産業・企業における研究開発

　産業別に使用研究開発費と研究者数を知ることによって，各産業内の研究開発活動の状況を推測することができるであろう。

　先にみたように，「産業」は日本の使用研究費の72.3％を，また日本の研究者数の67.4％を占めている。さらに，産業分野別には，「製造業」が使用開発研究費の89.6％（9兆5,215億円）を，研究者の89.2％（38万2,000人）を占めている。製造業のうちでも，電気機械工業（3兆6,158億円）や化学工業（1兆5,880億円），輸送用機械工業（1兆5,295億円），機械工業（8,113億円），精密機械工業（4,915億円）といった分野で研究開発費が多く使用されている（図表 8 − 4）。

図表8－4　日本の諸産業における使用研究開発費，研究者数，対売上高比率

産　　業	企業数 (社)	使用研究費 (億円)	研究者数 (千人)	対売上高比 (％)
農林水産業	27	109.7	0.5	0.59
鉱　　業	22	261.8	0.7	1.53
建　設　業	2,394	1,994.5	7.8	0.58
製　造　業	14,884	95,215.7	382.7	3.68
うち電気機械工業	2,216	36,158.7	155.7	5.75
化学工業	1,642	15,880.7	59.5	5.37
輸送用機械工業	622	15,295.9	41.3	3.95
機械工業	2,676	8,113.6	36.4	3.96
精密機械工業	640	4,915.3	21.5	6.83
運輸・通信・公益業	107	5,972.8	8.6	1.34
ソフトウェア産業	1,919	2,746.9	28.7	8.35
全　産　業	19,353	106,301.6	429.1	3.09

（出所）　図表8－1に同じ。372ページより作成。

　以上から，研究開発が日本では国際的に劣ることなく行われていることが推察できるであろう。産業別には加工組立産業などの比率が高いこと，つまり間接的にではあるが，日本産業における技術革新は，加工組立型産業，化学工業などを中心に行われていると考えてよいであろう。これらの産業企業のなかには，研究開発費を増額している企業も少なくない。

　また，日本企業のなかで，研究開発費が上位にある企業をリストアップしたのが図表8－5である。これから，電機・電子企業や自動車企業，通信企業，製薬企業，化学企業，電力企業といった企業が多額の研究開発費を使用している。おそらくは発展途上国1国の国家予算よりもはるかに大きい金額の研究開発費を使用している企業もあるであろう。売上高に占める比率が10％以上の企業も多い。

第Ⅱ部　戦略と組織

図表 8 - 5　日本企業における研究開発費 （単位：億円，％）

企業名	研究開発費(A)	売上高(B)	A／B	企業名	研究開発費(A)	売上高(B)	A／B
松下電器産業	5,255	45,532	11.5	三洋電機	995	11,215	8.9
トヨタ自動車	4,533	74,080	6.1	NTTドコモ	891	17,350	5.1
日立製作所	4,323	37,719	11.5	富士写真フィルム	817	8,170	10.0
富士通	4,010	32,512	12.3	武田薬品工業	772	7,084	10.9
ソニー	3,944	25,929	11.3	マツダ	761	14,661	5.2
日本電信電話	3,504	104,211*	3.4	いすゞ自動車	718	8,361	8.6
東芝	3,344	35,053	9.5	東京電力	715	50,596	1.4
ホンダ	3,340	29,198	11.4	三菱化学	666	8,414	7.9
NEC	3,151	37,854	8.3	リコー	665	7,775	8.6
日産自動車	2,386	29,970	8.0	三共	664	4,505	14.7
キャノン	1,945	16,842	11.5	住友化学工業	593	5,587	1.6
三菱電機	1,740	27,050	6.4	三菱自動車工業	550	21,065	2.6
デンソー	1,600	13,869	11.5	山之内製薬	548	2,785	19.7
シャープ	1,468	14,195	10.3	松下電工	548	9,673	5.7
三菱重工業	1,297	24,538	5.3	アイシン精機	530	5,115	10.4
松下通信工業	1,208	6,931	17.4	旭化成	500	9,556	5.2

(注)(1)　＊印は連結売上高。
　　(2)　研究開発費500億円以上の企業とした。他に研究開発費300億円以上の企業は以下のとおりである（括弧内は研究開発費。単位：億円）。エーザイ（467），藤沢薬品工業（455），ヤマハ発動機（452），日本ビクター（433），コマツ（424），住友電気工業（419），新日本製鐵（405），富士重工業（401），中外製薬（399），三井化学（381），花王（380），東京エレクトロン（371），オムロン（366），第一製薬（362），関西電力（341），パイオニア（332），ダイハツ（325），オリンパス工学工業（319），セガ（306），信越化学工業（304），スズキ（301）。
(出所)　東洋経済新報社『会社四季報』2001年第2集，より作成。

5　研究開発における諸研究機関の「連携」

　日本では政府においては各行政機関のもとに諸研究機関が置かれ，また研究開発を行う特殊法人も少なくない。
　大学（国公私立）にはそれぞれ附置の研究所がある。
　一方，民営研究機関とは別に，各企業も研究開発組織を整えている。企業によって異なるが，本社技術本部のもとにいくつかの国内外の研究所が設置されている。ちなみに，松下電器産業では，本社研究本部のもとに中央研究所と3

第8章 研究開発の現状と共同研究開発組織

研究所，4製品開発センターを置いている。商品化・生産技術に関しては，生産技術本部が担当している。海外では，米国パナソニックテクノロジーズの傘下に5研究所を，台湾，シンガポール，英国，ドイツにそれぞれ研究所を設置している。トヨタ自動車では，国内には本社技術部と東富士研究所，豊田中央研究所（別会社），士別試験場を置いている。海外では，米国にトヨタテクニカルセンターU.S.A.を，ベルギーには欧州テクニカルセンターを置いている[4]。

ところで，これら政府，大学，民営研究機関・企業内の諸研究所間で共同研究が行われるであろうことがすぐに想起される。いま，ここで政府・各省庁の傘下の研究主体を（G），国公私立大学の研究所を（U），そして民営研究機関・企業内の研究所を（C）とすれば，共同研究開発の組み合わせ（連携）としては，2者間では（G－G），（G－U），（G－C），（U－U），（U－C），（C－C）を，3者間では（G－U－C）を考えることができる。このうち，「産学連携」といわれるのが（U－C）の場合であり，「産学官連携」といわれるのが（G－U－C）である。

もっとも，こうした組み合わせはあくまでも形式的なそれである。研究視点によって，共同研究開発への研究アプローチも異なってくるであろう。ちなみに，中原秀登教授は，企業を中心に研究開発方式は，①自社開発方式，②外部開発方式に区分できるとし，さらに②を(ⅰ)内部化研究開発方式，(ⅱ)連携型研究開発方式，(ⅲ)ライセンス型研究開発方式にブレークダウンしている[5]。

産学官連携においては，①共同研究や②共同論文の作成，③研究者の交流，④研究開発成果の移転などがその具体的内容をなすであろう[6]。

まず，共同研究については，国立大学における産学連携の推進拠点として共同研究センターが1987年度から置かれている（2000年度で56か所）。企業等との共同研究の件数は10年前と比較して，4.4倍に増加している。企業と大学の間では約6割，企業と政府研究機関の間では約4割の研究者がそれぞれ研究開発機関間で共同研究を行っている。

ついで，企業の研究者と大学の研究者間での共著論文数も増加し，論文数全体に占める共著論文数の割合は1981年の21％から1996年には40％とその比率を

115

第Ⅱ部　戦略と組織

拡大させ，米国とほぼ同様の比率になっている。

さらに，企業の研究者と外部研究開発機関の研究者との交流については，各企業は国内外の研究機関に研究者を派遣したり，逆に受け入れたりしている。

開発の成果（技術）を移転する機関として，2000年からは「技術移転事務所」，すなわち研究成果に関する技術情報の提供，研究成果に関する企業への移転等（ライセンシング）などを行うTLO（Technology Licensing Organization）が各地に設けられるようになっている。

政府レベルでの共同研究開発の生成と展開

1　研究開発とシード・ネットワーク

共同研究開発のうちでも産官学の連携によるそれは，中央政府（国・省庁）レベル，地方政府（県，市）レベルなどさまざまである。本章では，中央政府レベルでの共同研究開発プロジェクトを1事例として取り上げ，共同研究開発における「連携」の生成・発展過程をみてみよう。

今日では，ナショナル・イノベーション・システムの研究[7]のように大学や公共研究機関をも含めた政府レベルでの研究開発における連携問題がますます重要な研究課題として取り上げられるようになっている。特に，グローバルな研究開発競争に勝ち残るためには，産学官連携による緊密かつ大規模な協力的活動が確保できるか否かがその国の産業競争力を決める重要な要因と考えられる[8]。

政府レベルでの共同研究プロジェクト（国家プロジェクト）は，一般的に極めて重要な技術であっても企業が単独で行うには限界[9]があるような基盤的な核心技術について研究開発を行うものであり，またそれは複数の企業，大学，公的研究機関などが参加する連携の場としての意味をもつ。いうまでもなく，プロジェクトの形成，実施および成果はその産学官連携のあり方によって影響を

大きく受けることになる。

こうした認識から，共同研究開発の自己創出的な生成メカニズムを明らかにしてみたい。特に，小規模な「探索共同体」から始まる産学官連携が次第に拡大しつつ，それが政府レベルでの共同研究プロジェクトのための「企画共同体」へ，さらに「研究共同体」へと発展していく過程を明らかにしてみたい。

2　独創的高機能材料創製技術プロジェクト

紙数の都合から詳述できないけれども，政府レベルでの共同研究開発プロジェクトとして「独創的高機能材料創製技術プロジェクト」[10]を例にあげることができる。このプロジェクトは，通商産業省（現在の経済産業省）の産業科学技術研究開発制度[11]の支援対象として選定され，1996年から2001年までの6年間行われた化学技術分野における共同研究プロジェクトである。

このプロジェクトを分析してみるとわれわれは政府レベルでの共同研究プロジェクトの形成過程にみられる重要な特徴の一端を伺い知ることができる。すなわち研究課題についてのアイデアの提案から研究資源が結集された共同研究体が形成されるまでの一連の過程が，小規模な共同体から始まって，産学官の共同体へと進化する「連携拡大の過程」であるという特徴である。

いいかえれば，①最初の研究アイデアの「探索共同体」が，②資源吸引と戦略的意図の集約を図る「企画共同体」となり，③さらにそれが国家プロジェクトの実施を担う「研究共同体」へと連携を深化，拡大しながら組織化されていく様子を確認することができるのである。

3　探索共同体

通常，政府レベルでの共同研究プロジェクトは新しい研究課題の種子（タネ。シード）を認識することから始まる。その新しい研究課題を最初に認識するのは大学，公的研究機関，企業，学会，調査機関などさまざまである。

新しい研究課題が認識されると，その課題についての理解を深めるべく小規模な共同体の活動が行われる。研究課題を着想した者は，当初は周囲の研究者に働きかけ，やがて大学や企業および公的研究機関の研究者のみならず，官僚や調査研究助成機関（シンクタンクなど）に対しても働きかけを行う。こうして，この新しい研究課題に対して関心をもった関係者たちが集まって，既存の研究をレビューしたり，国内外の研究状況を分析したり，技術の可能性などについて研究するといった「探索共同体」が形成される。

筆者（金）は，共同研究開発プロジェクトの形成過程の初期段階においてこのような役割を果たす共同体をかつて「シード・ネットワーク（seed network）」と呼んだことがある[12]。シード・ネットワークとは，未来の産業技術に役立つ可能性のある技術シーズおよび研究開発のニーズに関する知識と情報を産学官の研究者が共同で探索し交換するオープンなネットワークのことである。シード・ネットワークとはタネとなるネットワークを意味するもので，そのタネが芽を出し，成長することによって，このシード・ネットワークはやがて共同研究開発プロジェクトへと発展する可能性をもっている。松井隆幸教授は，それを「創発的ネットワーク」と呼び，それこそが研究開発や産業政策の源流であると指摘している[13]。

4　企画共同体

探索共同体による研究成果が政府レベルでのプロジェクトとして行われる必要性と妥当性が認められると，国の研究開発支援制度（通常，大型の長期プロジェクト）への申請に備えた活動が始まる。ここで，探索共同体は「企画共同体」へと変わる。この企画共同体は探索共同体よりも多くの産学官の関係者で構成される。企画共同体段階では，探索共同体段階での成果を利用しつつ，かなりの時間と費用をかけ，より体系的かつ幅広い調査研究が行われる。この段階にはNEDO[14]などの関係者もプロジェクトの編成や運営に関する専門的アドバイザーとして参加する。

第8章　研究開発の現状と共同研究開発組織

　この段階において重要なことは，参加組織間で具体的な協力方式が論議されることである。研究課題に特に強い興味を示す企業，業界団体，公的研究機関，大学などから関係者が集まり，適切な研究開発体制などについて十分論議され意見を集約していく。成果のとりまとめにもこれら企業などが積極的に参加して一定の役割を果たす。これらのメンバーは次の段階の「研究共同体」に参加する可能性が高い。こうして企画共同体は次第にこの研究共同体へと進化していくのである。

　米倉誠一郎教授は，かつて日本の業界団体は単なる圧力団体や受け皿機能を超えており，業界団体は，政府と企業の間にあって政府の研究開発や産業育成に関する情報と企業の現場情報が双方向に行き来するようにし，より現実的な政策が立案できるようにさまざまな補完機能を果たしていると指摘している[15]。まさに企画共同体の活動過程においてそのような機能がみられるのである。

5　研究共同体

　政府レベルでの新規研究開発プロジェクトは，経済産業省の場合は，通常，研究開発上のアイデアを一般から広く自由募集するのではなく，省内募集という方式で募集している。産業政策を担当する主管局（原局）を通じて産業技術政策を主管する産業技術総合研究所（2001年3月に独立行政法人として発足。元の工業技術院）に応募するようにしている。これは，産業技術政策（または研究開発政策）と産業政策とを関連づけて推進しようとする意図によるものである。企画共同体での成果に基づいて作成された多くの研究提案書が提出され，コンペによって絞り込まれていく。

　提案された研究開発プロジェクトはいくつの段階にわたって原局レベルで選定評価を受けることになる。選定評価においては，プロジェクトの経済的側面，技術的側面，実現可能性，政策的整合性，環境や倫理的側面などさまざまな観点から検討が行われる。その結果によってそれぞれのプロジェクトに優先順位が付けられ，順位の高いいくつかの研究提案書が産業技術総合研究所に提出さ

第Ⅱ部　戦略と組織

れる。

　その後，産業技術総合研究所の産業技術審議会における審議過程に移ることになるが，最終的に，企画共同体が提示した研究課題が政府レベルでの共同研究プロジェクトとして採択された場合，それを遂行するための研究共同体が誕生することになる。

7　む　す　び

　本章では，日本の研究開発を特には米国，EUと比較した。われわれは，日本では各「研究組織」別，産業別，企業別の研究開発費および研究者数からみて，かなりの研究開発が行われていること，共同研究開発が行われることを推測できた。これからみて，また共同研究開発の重要性からしても，これらの「研究組織」間でさまざまな共同研究開発が行われるであろうことを指摘した。

　そのうち，政府レベルでの基礎研究に重点を置いた共同研究開発プロジェクトがどのように生成し，拡大・発展していくのか検討した。各研究機関における研究者たちの小規模な探索共同体がシード・ネットワークの役割を果たし，企画共同体と研究共同体へと拡大，発展していき，この過程で研究開発資源を糾合し，研究が次第に高度化していくことを観察した。

　個別の企業で行うにはリスクが大きく，実際の製品化に結びつきにくいのが基礎研究である。ところが，科学技術政策研究所の調査によれば，応用研究や開発研究よりも基礎研究が収益をより長く（なかには20年以上も）もたらす場合も少なくないという[16]。公的研究開発，それも政府レベルでの共同研究開発（組織）の意義がそこに見出される。とはいえ，これについては成果の公開や自由利用の原則が貫けるのか，特定企業の「独占的」利用にならないかという批判もなしうる。こうした点の検討や共同研究開発そのものや，共同研究開発プロジェクト，研究開発の規定ともかかわって研究開発と製品化技術・生産技術との関連など，今後の研究課題にしたい。

第8章　研究開発の現状と共同研究開発組織

（注）
1）　児玉文雄『ハイテク技術のパラダイム：マクロ技術学の体系』中央公論社，1991年。
2）　佐久間信夫編『現代経営用語の基礎知識』学文社，2000年，64ページ。
3）　文部科学省編『科学技術白書』（2001年版）財務省印刷局，96ページ。
4）　両社とも『有価証券報告書』による。
5）　中原秀登『研究開発のグローバル戦略』千倉書房，2000年，36〜55ページ。
6）　以下，文部科学省，前掲書，27ページ，53〜55ページ，58〜59ページによる。
7）　ナショナル・イノベーション・システムについての主要な研究としては，以下がある。H.Gunter and K.Yamamura, ed., *Technological Competition and Interdependence : the Search for Policy in the United States, West Germany, and Japan*, University of Washington Press, 1990. Nelson, R.R., ed., *National Innovation Systems : a Comparative Analysis*, Oxford University Press, 1993. Odagiri, H. and A.Goto, *Technology and Industrial Development in Japan : Building Capabilities by Learning, Innovation, and Public Policy*, Clarendon Press, 1996.
8）　OECD, *Technology and Economy : The Key Relationships*, Paris, 1992.
9）　こうした限界は，研究開発に投入可能な資源が十分でないこと，研究開発に失敗したときのリスクが大きいこと，および研究開発を行った企業がその成果を専有できないことなどによるものである。
10）　「独創的高機能材料創製技術プロジェクト」の事例については権　奇哲氏と筆者（金）が共同で行っている研究の中間的成果によるところが大きい。
11）　産業科学技術研究開発制度は，1966年から約25年間運用してきた大型工業技術研究開発制度と，1980年代を象徴する次世代産業基盤技術研究開発制度，そして1976年から小規模で運用してきた医療福祉機器技術研究開発制度などの3つの制度を統合し，1993年に発足した日本の代表的な国家研究開発制度である。1997年にその名称を新規産業創出型産業科学技術研究開発制度に変更した。
12）　金　甲秀，『共同研究開発システムの発展メカニズムと進化過程：日韓比較分析』，慶應義塾大学大学院商学研究科，博士論文，1996年。また，金　甲秀・権　奇哲『国家研究開発事業の研究企画システム』科学技術政策研究院，1998年（韓国語），も参照。
13）　松井隆幸『戦後日本産業政策の形成過程』九州大学出版会，1997年。
14）　NEDOは「新エネルギー・産業技術総合開発機構」の英名（New Energy and Industrial Technology Development Organization）である。通商産業省が実施する研究開発制度の実施管理を担当する特殊法人である。ホームページは，http://www.nedo.go.jpである。

第Ⅱ部　戦略と組織

15)　米倉誠一郎「業界団体の機能」岡崎哲二・奥野正寛編『現代日本経済システムの源流』日本経済新聞社，1994年，第6章所収。
16)　文部科学省，前掲書，27ページ。

第 9 章
日本のNPO(非営利組織)セクター

1 はじめに

　ここ数年，NPOという言葉を新聞やニュースなどで見聞することが非常に多くなった。いわばNPOブームともいうべき状態である。NPOセクターの台頭をいろいろなアプローチで検証する言説も多々みられるが，そういった諸説やブームの背景を云々考えることは他の場所に譲って，本章は，記述的に日本にはどのようなNPOがあるのかを説明することに重点を置く。

　周知のごとく，NPOとは，Non-Profit Organizationの略称で，非営利組織体や非営利法人，非営利団体などと訳出される。特定非営利活動促進法（いわゆるNPO法）の施行（平成10年12月）以来，圧倒的に認知度が高まった。

　本章では，NPOの概念の整理を中心として，日本に存在するNPOの範囲を確定し，それぞれのNPOの概要を解説する。

2 NPOとは何か

1　NPOの定義

　NPOとは，多義的な概念であり，その定義が確立しているとは必ずしもいえない。本章では，比較的オフィシャルなものとして考えられる2つの定義を紹介したいと思う。

第Ⅱ部　戦略と組織

　ジョンホプキンス大学のサラモン（L.M.Salamon）教授とその研究グループは，世界各国のNPOセクターの先駆的比較実証研究を行った。そこにおいて展開されるNPOの定義は，以下に挙げる6つの特徴をすべて満たす組織として考えられている[1]。

① フォーマルな組織

　公式のもの，つまりある程度公共組織化されたものであること。法人化している必要性は必ずしもないが，一度限りの集まりや全くのインフォーマルな集まりを含まない。

② 非政府性

　民間のもの，つまり制度的に政府から独立しているものであること。政府から資金をもらっていても構わないし，理事会等への政府の参加があっても構わないが，基本的には政府機関の一部でもなければ，役人の統制下にあるものでもなく，民間の独立機関である。

③ 利益の非分配

　利益分配をするものではないこと。すなわち，組織の所有者に利益を生み出すためのものでないこと。事業活動から利益を生んでも構わないが，それを組織所有者に分配するのではなく，本来の活動目的に投入する。

④ 自己統治性

　自主管理，つまり自分たちの活動を管理する力を備えていること。内部に組織統治の機能を備えており，外部によって管理されることがない。

⑤ 自発性

　自発的な意思によるもの，つまり組織の実際の活動において，あるいはその管理について，何らかの有志による自発的な参加を含むものであること。必ずしも活動を補助するボランティアの存在を指すわけでなく，有志による理事会や財政的な参加なども含まれる。

⑥ 公益性

　公共の利益のためのもの，つまり公共（不特定多数）の利益に奉仕し，寄与するものである。

第9章　日本のNPO（非営利組織）セクター

　ところで，アメリカにおける財務会計基準の設定主体である財務会計基準審議会（Financial Accounting Standard Board : FASB）は，1980年代初頭よりNPO向けの会計基準の構築作業を続けてきた。財務会計概念基準書第4号「非営利組織体の財務報告の基本目的」(1980年)，財務会計基準第93号「非営利組織体の減価償却費の認識」(1987年)，財務会計基準書第116号「受け入れた寄付および提供した寄付の会計」(1993年)，財務会計基準書第117号「非営利組織体の財務諸表」(1993年)など一連のNPO向け会計基準で踏襲されているNPOの定義とは以下のものである。すなわちNPOとは「以下のような営利企業と区別される特徴がある実体である。
　(a)　提供した資源に比例する返済又は経済的便益の受領を期待しない資源提供者から，相当額の資源を受け取ること。
　(b)　利益を得て財貨又は用役を提供する以外に活動目的があること。
　(c)　売却，譲渡もしくは償還が可能な明確に規定された所有主権益が存在しないこと，または組織体の清算に際して資源の残余分配を得る権利があるという明確に規定された所有主権益が存在しないこと。」[2]
というものである。

2　NPOの範囲

　以上のようなNPOの定義に関連づけて，日本に存在するさまざまな法人格をもつ組織の分布を以下の図表をふまえて考えてみたいと思う。山内直人氏は，わが国に存在する法人のマッピングを図表9-1のようにまとめる[3]。
　この図表を手がかりにして，本章におけるNPOの範囲を定めることにする。民法上の法人たる財団法人，社団法人は問題なくNPOとして考える。また，特別法上の法人たる学校法人，宗教法人，社会福祉法人，特定非営利活動法人（いわゆるNPO法人）もNPOと考える。
　問題となるのは，いわばグレーゾーンを形成する協同組合形態の法人と税法上は普通法人として扱われる医療法人をどう考えるかということである。組合

第Ⅱ部　戦略と組織

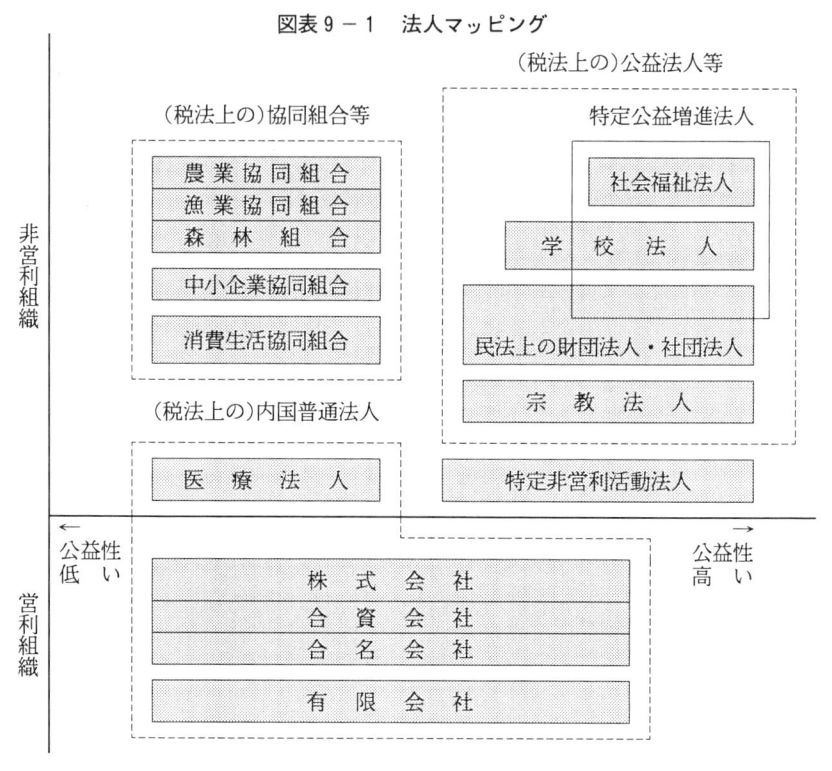

図表9－1　法人マッピング

	（税法上の）協同組合等	（税法上の）公益法人等
非営利組織	農業協同組合／漁業協同組合／森林組合／中小企業協同組合／消費生活協同組合	特定公益増進法人：社会福祉法人、学校法人／民法上の財団法人・社団法人／宗教法人
	（税法上の）内国普通法人	
	医療法人	特定非営利活動法人
← 公益性 低い		公益性 高い →
営利組織	株式会社／合資会社／合名会社／有限会社	

員の相互扶助を目的として設立された協同組合は，活動自体は非営利的なものと考えられる。しかし，協同組合には出資配当の制度があり，先に紹介したNPOの定義の2つに共通する利益分配がないものという特徴から外れることになる。この点に着目して，ここでは，協同組合をNPOには含めないことにする。

また，医療法人は，医療法上，明確に非営利組織であると定義されているが税法上は，特定医療法人を除いて株式会社並みの課税がなされる。また，理事長や医師に高額の給料を支払い実質的な出資配当を行っているという指摘もある[4]。しかし本章では，医療法の条文をその組織の本質的な性質と解釈し，医療法人もNPOと考える[5]。

第 9 章 日本のＮＰＯ（非営利組織）セクター

民法上の法人の概要

　民法第34条では，「祭祀，宗教，慈善，学術，技芸其ノ他公益ニ関スル社団又ハ財団ニシテ営利ヲ目的トセサルモノハ主務官庁ノ許可ヲ得テ之ヲ法人ト為スコトヲ得」と定めている。すなわち，公益法人は①公益に関する事業を行う，②営利を目的としない，③法人の事業を所管する官庁の許可を得る，④社団または財団である，という4つの条件をすべて満たして設立されるものである。
　社団とは，人の集合体であって，1つの団体としての目的，組織とそれ自体の意思をもち，その団体自身が社会上単一体としての存在をもつものと定義され，これに民法によって法人格を与えたものが社団法人である。
　財団とは，一定の目的の下に拠出され，結合されている財産の集まりであり，これに対し民法により人格を付与されたものが財団法人である。

1　財団法人

　財団法人とは，一定の目的の下に拠出され，結合されている財産の集まりである財団というものに対し，民法第34条の規定に基づき法人格が与えられたものをいう。
　民法第34条は，祭祀，宗教，慈善，学術，技芸その他公益に関する社団または財団で営利を目的としないものは，主務官庁の許可を得て，法人とすることができると定めており，公益を目的とした非営利の財団のみが財団法人として許可される。
　設立に当たっては，設立者等が拠出した財産の運用の方針等について寄附行為を定めなければならない。その内容は，目的，名称，事務所，資産に関する規定，理事の任免に関する規定となっており，この寄附行為に基づいて理事が選任され，法人の目的の実現に必要な事業を行い，法人の財産の管理運営に当たることになる。

財団法人には，社団法人のような社員が存在せず社員総会もないから，理事が必置機関として一切の意思決定，業務執行，対外代表の権限を有している。監事は任意機関として監査に当たるが，そのほか実際上の諮問・審議機関として評議員会が置かれる場合が多い。寄附行為所定の事由，目的事業の成功または成功の不能，破産，設立許可の取消しの場合は解散し，破産の場合を除き，清算手続に入ることになり，清算の結了をもって消滅する。

2 社団法人

社団法人とは，法人格を与えられた社団のことをいう。社団法人は，①社員と呼ばれる構成員が存在すること，②社団と社員の関係その他団体の基本的事項が定款によって定められていること，③社員全員で構成される社員総会が最高の意思決定機関として置かれていること，④社員の欠乏が解散事由とされていることなどの特色があるが，これは団体性の強い人的結合体という社団法人の本質から出ているものといえる。

社団法人の主なものは，民法第34条による公益を目的とした社団法人と，商法および有限会社法による営利社団法人たる会社であるが，このほか，特別法によって法人化された中間社団法人（社団的法人），公法人たる社団法人（公共組合）などがある。しかし，一般に社団法人というときは民法による公益を目的としたものを指す。社団法人は民法第37条により目的，名称，事務所，資産，理事の任免，社員の資格得喪に関する規定を定めた定款を作り，主務官庁の許可を得て設立される。社団法人の事務は，定款をもって理事その他の役員に委任したものを除き，すべて総会の決議によって行わなければならない。

各社員は，総会に出席して平等に表決権を行使し，一定数社員の請求によって臨時総会を開催させることができる。業務執行および対外代表のための必置機関としての理事があり，任意機関として監事がある。定款所定の事由，目的たる事業の成功または成功の不能，破産，設立許可の取消しといった財団法人と共通した事由のほかに総会の決議，社員の欠乏によっても解散でき，破産の

場合を除いて清算の手続に入り，清算の決了をもって消滅することになる。

公益法人協会の調査によれば，平成11年10月現在で，財団法人1万3,482団体，社団法人1万2,872団体，計2万6,354の民法法人が存在する[6]。

4 特別法上の法人の概要

第2次世界大戦後，民法の特別法として制定された私立学校法（昭和24年），社会福祉事業法（昭和26年，平成12年から社会福祉法に改称），宗教法人法（昭和26年），医療法（昭和23年），によってそれぞれ学校法人，社会福祉法人，宗教法人，医療法人が設立されて今日に至っている。ここでは，それぞれの法人の概要について説明することとする。

1 学 校 法 人

わが国の現行の学校の制度は学校教育法が根拠となっている。第2次世界大戦後の法令改正のなかで昭和22年に学校教育法が制定され，それまでの教育制度が改められた。学校教育法では，図表9－2のように学校を定義している。

図表9－2　学校の定義

区　分	内　　容	根　拠
学　校	小学校，中学校，高等学校，大学高等専門学校，盲学校，聾（ろう）学校，養護学校および幼稚園	第1条
専修学校	（専門学校と称するものが含まれる）	第82条の2
各種学校		第83条

この中で，第1条で「学校」と定義される小学校などは，専修学校など区別するために根拠と条文から「1条校」と呼ぶことがある。ここでは特に断らない限り「学校」は「1条校」を指すものとする。短期大学は第1条には記載されていないが，大学の一種として定義される（学校教育法第69条の2）ので1条

校としてみなされる。これ以外に一般に学校と呼ばれるものに，学習塾，カルチャーセンターなどがあるが，これらは，法律上は学校教育法の枠外となっている。

学校は，国，地方公共団体および学校法人だけが設置することできるという原則（同法第2条1項）があり，設置者別には，次のようになる。

学校の区別	設　置　者
国 立 学 校	国
公 立 学 校	地方公共団体
私 立 学 校	学校法人

学校の設置者は，その設置する学校を管理し，法令に特別の定めがある場合を除いては，その経費を負担することになっている（同法第4条）が，法令の定めにより公立学校には国から，私立学校には国または地方公共団体から補助や助成を受けているので，法律の定める設置者負担主義は国立学校だけで厳密に守られている。

私立学校も学校であるから，国立学校や公立学校と同様に学校教育の公共性により，「学校を設置しようとするものは，学校の種類に応じ，監督庁の定めによる設備，編成その他に関する設置基準に従いこれを設置しなければならない」（同法第3条）とされる。これにより，大学設置基準などが文部科学省令として公布されている。

私立学校は，独自の建学の精神によって学校法人が設置し，学校教育法の枠内で独自の教育と研究を行う機関である。学校法人とは，「私立学校の設置を目的として，この法律の定めるところにより設立される法人」（私立学校法第3条）である。日本私立学校振興・共済事業団の調査によると，大学では649校中478校，短期大学では572校中497校，高等学校では5,478校中1,318校，中学校では1万1,209校中680校，小学校では2万4,106校中172校，幼稚園では1万4,451校中8,479校が私立学校である（平成12年5月1日現在）[7]。

2　社会福祉法人

　社会福祉法人とは，社会福祉法の定めに設立される法人であり，財団または社団の形態をとる社会福祉法人は，都道府県知事の認可を受け，設立の登記を行うことにより成立する。

　昭和26年の社会福祉事業法の制定以降，国民の福祉に対する需要は，現在，将来にわたり，増大し，かつ多様化することが予想される。このように変容する国民福祉への需要に応えるために，また，平成12年4月から施行された介護保険制度の円滑な実施の観点等から，社会福祉事業法等の社会福祉法人および措置制度の見直しが必要になった。

　平成12年5月に「社会福祉の増進のための社会福祉事業法の一部を改正する等の法律」が成立し，社会福祉事業法は社会福祉法と名称が変更された。

　社会福祉事業には，第一種社会福祉事業と第二種社会福祉事業がある。

　第一種社会福祉事業の主なものは次の事業である。

① 　生活保護法による救護施設，更生施設
② 　児童福祉法による乳児院，母子生活支援施設，児童擁護施設，知的障害児施設等
③ 　老人福祉法による養護老人ホーム，特別養護老人ホーム等
④ 　身体障害者福祉法による身体障害者更生施設，身体障害者養護施設等
⑤ 　知的障害者福祉法による知的障害者更生施設，知的障害者授産施設等

　また，第二種社会福祉事業の主なものは次の事業である。

① 　生活保護法による生計困難者に対する相談等
② 　児童福祉法による保育所，助産施設，児童更生施設等
③ 　老人福祉法によるデイサービスセンター，老人短期入所施設等
④ 　身体障害者福祉法による身体障害者福祉センター，補装具製作施設等
⑤ 　知的障害者福祉法による知的障害者地域生活援助事業等

　社会福祉法人は，平成12年3月末日時点で全国に1万6,691法人存在し，年々増加する傾向にある[8]。

3 宗教法人

　宗教法人とは，教義をひろめ，儀式行事を行い，および信者を教化育成することを主たる目的とする団体，つまり「宗教団体」が都道府県知事若しくは文部科学大臣の認証を経て法人格を取得したものである。宗教法人には，神社，寺院，教会などのように礼拝の施設を備える「単位宗教法人」と，宗派，教派，教団のように神社，寺院，教会などを傘下にもつ「包括宗教法人」がある。単位宗教法人のうち包括宗教法人の傘下にある宗教法人を「被包括宗教法人」，傘下にないものを「単立宗教法人」という。

　宗教法人の所轄庁は原則として当該法人の所在地の都道府県知事であるが，他の都道府県に境内建物を備える宗教法人，当該宗教法人を包括する宗教法人，または他の都道府県にある宗教法人を包括する宗教法人の所轄庁は文部科学大臣である。なお，宗教法人が新たに他の都道府県に境内建物を備えた場合，または備えなくなった場合には，当該法人の所轄庁が変更される。

　文化庁の調査によると，平成11年12月末時点で，全国に宗教法人は，18万2,935団体存在する[9]。

4 医療法人

　医療法人とは医療法の規定に基づき病院，医師若しくは歯科医師が常時勤務する診療所または老人保険施設を開設しようとする社団（持分の定めがあるもの，持分の定めがないもの）または財団で，都道府県知事または厚生労働大臣（複数の都道府県の区域において病院，診療所または老人保険施設を開設する場合）の認可を受けて設立される法人をいう。つまり，認可段階で「都道府県認可の医療法人」と「厚生労働大臣認可の医療法人」の2形態があり，また，開設しようとする，または開設した段階で「特別医療法人」，「特定医療法人」，「その他の医療法人」に分類しうる。

　特定医療法人とは，(1)財団の医療法人または社団たる医療法人で持分の定め

がないもののいずれかであること，(2)その事業が医療の普及および向上，社会福祉への貢献その他公益の増進に著しく寄与し，かつ，公的に運営されていること。具体的には，政令（租税特別措置法施行令第39条の25第1項第5号）およびこれに基づく財務省令（租税特別措置法施行規則第22条の15）に定める基準に適合すること，(3)財務大臣の承認を受けること，の3点を満たした医療法人である。

また，特別医療法人とは，(1)財団の医療法人または社団たる医療法人で持分の定めがないもののいずれかであること，(2)法人の財産が個人に帰することがなく，社会福祉法人等と同様に公的な運営が確保されているもの。具体的には医療法（第42条）およびこれに基づく厚生省令（医療法施行規則第30条の35および第30条の36）に定める基準に適合すること，(3)都道府県知事（または厚生労働大臣）の認可を受けること。

厚生労働省の調査によると，病院に占める医療法人の割合は，病院の総数9,236に対して5,431に上る。また，一般診療所では，その総数9万3,636に対して2万5,016，歯科診療所では，総数6万4,050に対して7,519に上る（いずれも平成13年5月現在）[10]。

5 特定非営利活動促進法上のNPO法人

NPOの原点は，ボランティア活動にあるといわれている。人間の心の豊かさを追求することが要請されているわが国では，これを果たしうる支援組織が必要であると長年にわたり主張され続けてきた。この役割を担うために登場した新しいNPO形態の意義は極めて大きい。これは従来の公益法人という形態ではなく，ボランティア活動をはじめとする市民が行う自由な社会貢献活動を支える組織としての法人の発展を促進しようとする「特定非営利活動促進法（NPO法と略称される）」となって具体化したといえる。

このことは，同法第1条において「この法律は，特定非営利活動を行う団体に法人格を付与すること等により，ボランティア活動をはじめとする市民が行

う自由な社会貢献活動としての特定非営利活動の健全な発展を促進し，もって公益の増進に寄与することを目的とする」と規定していることからも理解できる。本法は，平成10年12月に施行され，平成11年2月から認証の手続きが始まり，平成13年8月現在で，4,600を超える特定非営利活動法人（NPO法人と略称される）が認証されている[11]。

　この法律にいう「特定非営利活動」については，同法2条1項に「別表に掲げる活動に該当する活動であって，不特定かつ多数のものの利益の増進に寄与することを目的とするものをいう」という定義がみられる。別表にいう12項目とは以下のものである。

① 保健，医療又は福祉の増進を図る活動
② 社会教育の推進を図る活動
③ まちづくりの推進を図る活動
④ 文化，芸術又はスポーツの振興を図る活動
⑤ 環境の保全を図る活動
⑥ 災害救援活動
⑦ 地域安全活動
⑧ 人権の擁護又は平和の推進を図る活動
⑨ 国際協力の活動
⑩ 男女共同参画社会の形成の促進を図る活動
⑪ 子どもの健全育成を図る活動
⑫ 上に掲げる活動を行う団体の運営又は活動に関する連絡，助言又は援助の活動

　なお，同項にある「不特定かつ多数のものの利益」という用語は，社会全般の利益を指し，いわゆる「公益」と同義に解され，使用されている。

第9章　日本のNPO（非営利組織）セクター

むすび

　NPOに関する研究は，社会学，経済学，法律学，経営学，会計学等々の諸学問からアプローチされて，現在，最も注目されている研究分野の1つである。殊に経営学に関していえば，NPOも事業体であるからそこには経営が行われているわけであり，当然に経営学的問題が存在している。事例を挙げれば，NPOの経営管理に関する研究，NPOの事業戦略に関する研究，NPOのガバナンスに関する研究，NPOのファンドレイジングに関する研究，NPOの事業評価に関する研究などである。

　これらの研究は，今後更に進展が期待されている分野であり，学部学生や大学院生にとっては卒業論文，修士論文の格好のテーマとなりうるものでもある。先行研究をふまえた上で，営利企業との相違をクローズアップしたり，実証的なアプローチを採用すると研究の価値が高まるものと思われる。

（注）
1) Salamon L.M., *America's Nonprofit Sector : A Primer*, N.Y. : The Foundation center., 1992, pp 5 - 6.（入山映訳『米国の「非営利セクター」入門』ダイヤモンド社，1994年，21～22ページ。）
2) Financial Accounting Standard Board, Statement of Financial Accounting Concepts No. 4, *Objectives of Financial Reporting by Nonbusiness Organizations*, Stanford, Conn., 1980, p. 3.（平松一夫・広瀬義州訳『FASB財務会計の諸概念』中央経済社，1989年，165ページ。）
3) 山内直人著『NPO入門』日本経済新聞社，1999年，135ページ。
4) 山内直人著『ノンプロフィット・エコノミー』日本評論社，1997年，123ページ。
5) 経済企画庁国民生活局の調査でも，概ねNPOの範囲を同様に考えている。経済企画庁国民生活局編『日本のNPOの経済規模』大蔵省印刷局，1998年，8～9ページ。
6) 公益法人協会編『全国公益法人名鑑〔平成13年版〕』2001年，5ページ。
7) http://www.shigaku.go.jp/g-siryo.html
8) 最新の社会福祉法人数については厚生労働省より直接聴取したものである。歴年の動向については，厚生統計協会編『社会福祉施設等調査報告〔平成11年版〕』に詳

第Ⅱ部　戦略と組織

しい。
9) http://www.bunka.go.jp/9/1/IX-1.html
10) http://www.mhlw.go.jp/toukei/saikin/hw/iryosd/is0105.html
11) http://www5.cao.go.jp/98/c/19981217c-npojyuri.html

(その他主要参考文献)
(1) ピーター・ドラッカー著，上田惇生・田代正美訳『非営利組織の経営』ダイヤモンド社，1994年。
(2) レスター・サラモン他著，今田　忠監訳『台頭する非営利セクター』ダイヤモンド社，1996年。
(3) 電通総研編『NPOとは何か』日本経済新聞社，1996年。
(4) 山岡義典編著『NPO基礎講座』ぎょうせい，1997年。
(5) 島田　恒著『非営利組織のマネジメント』東洋経済新報社，1999年。
(6) 黒川保美・鷹野宏行・船越洋之・森本晴生訳『FASB・NPO会計基準』中央経済社，2001年。

第III部

情報・技術と国際化

第10章　企業経営とPCソフトウェア製品
第11章　企業の海外直接投資と技術移転
第12章　サプライチェーン・マネジメント（SCM）
第13章　大競争時代の自動車企業経営

第10章
企業経営とPCソフトウェア製品

① はじめに

　コンピュータ・ソフトウェア製品は，現代経営において不可欠の要素となっている情報を扱うツールとして，非常に重要な役割を果たしている。
　企業経営における情報のあり方については，組織におけるコミュニケーションの円滑化，生産・販売における製品数量の把握，あるいは会計や財務の分野での計数的管理といった，さまざまな局面に関する研究が行われてきた。
　コンピュータは企業経営における情報を扱うためのツールに過ぎないが，コンピュータ技術の発達は非常に急速かつ劇的であるため，コンピュータ技術に無関心でいると，企業経営そのものが技術面で時代遅れになりかねない。情報を扱う技術であるコンピュータ技術が，企業経営のあり方に大きくかかわるようになってきたのである。
　この章では，企業経営のための情報にかかわるコンピュータ・ソフトウェア製品を分類・整理し，その役割や活用法を探っていくことにする。
　コンピュータ・ソフトウェア製品の原点は，1960年代に発達したプログラム開発ソフト（プログラミング言語の処理ソフト）やコンピュータの運用を自動化するための基本ソフトであるOS（オペレーティング・システム）に求められる。
　これらは，コンピュータの運用全般に必要となる，汎用的なソフトウェアである。企業経営のための情報を扱うソフトウェアの多くは，COBOL（Common Business Oriented Language）と呼ばれる事務計算用のプログラミング言語を用いてコード化され，プログラム開発ソフトによって使用可能なソフト

ウェアに変換されたものが用いられてきた。そして、企業経営の情報処理に必要とされるこれらのソフトウェアは、ほとんどが受注開発であった。

1980年代に入り、ワークステーションやPC（パーソナル・コンピュータ）のような、個人利用を前提とした小型のコンピュータが普及してくると、広く販売することを前提として開発されたパッケージ・ソフト（Packaged Software）が台頭してきた。特にPCの場合は、ハードウェアが安価で、急速に台数が増加したため、パッケージ・ソフトの市場も急速に発達していった。

そして、企業経営においても、ワードプロセッサ、表計算ソフト、パーソナル・データベース・ソフトといったパッケージ・ソフトが使用されるようになった。ワープロに関していうと、特に日本ではPC用のソフトよりも、ハード＋ワープロ・ソフト一体型の専用機が普及したが、1990年代の後半には、PC用のワープロ・ソフトが主流を占めるに至っている。

1990年代には、企業経営における情報処理の中核を担いうるサーバ・ソフト製品がPC用にも発売され、普及していった。現在では、PC用のソフト製品だけで、中小規模企業のコンピュータ・ネットワークの運用が可能になっている。

大企業においては大型のコンピュータが依然として稼働しているが、新規の情報処理分野では小型のコンピュータで構成されるコンピュータ・ネットワークが構築され、組織のコミュニケーションに関して重要な役割を担うようになっている。

こうした理由により、PC用のコンピュータ・ソフトウェア製品技術は、企業経営における先端的な情報処理のあり方に大きな影響を与えるようになってきているのである。

2　インターネットの急速な普及とＰＣの発達

1990年代にコンピュータとネットワークの分野で最も注目を集めたことがらは何かと問われれば、多くの人はインターネットの急速な普及をあげるであろ

第10章　企業経営とPCソフトウェア製品

う。

そこで，まずインターネットの動向を再確認しておこう。

インターネットは，インターネット協会に加入する組織（各組織は独自のコンピュータ・ネットワークをもつ）によって形成されている世界的なコンピュータ・ネットワークである。

1980年代までのインターネットは，大学や研究機関など限られた組織間で，コンピュータを相互利用するために運営されていた。90年代に入ってからインターネットの商業利用が始まり，個人がサービス・プロバイダを介してインターネットを利用し，企業が広告や通信販売を行うようになった。

1989年頃，研究所のコンピュータに散在する文書の管理と，研究所間での文書の相互利用を目的としてWWW（World Wide Web）が作られ，94年にヤフーのページ検索サービスが開始され，NetscapeのWebブラウザ（Webページ閲覧ソフト）であるNetscape Navigatorのβ版が公開された。WWWに注目が集まることによって，インターネットの利用は急速に拡大していった。

インターネットの普及は，さらに以下のような新しい動向を生み出した。

① イントラネット（intranet）

インターネットで使用されているネットワーク技術を利用して，インターネットとのシームレスな統合を実現する組織内部のネットワークに注目が集まり，イントラネットと呼ばれるようになった。

② Webアプリケーション

WWWは，ある文書で参考にした別の文書をすぐに探すことが可能なハイパーリンクに特色をもっていたが，画像や音声といったマルチメディア，そして，さらにJava言語をはじめとするWWW対応のプログラミング言語によるプログラムの組み込みといった機能を追加して，ネットワーク上で最も多機能なメディアへと発達を遂げた。

WWWは，単にネットワーク上の文書であるにとどまらず，さまざまな用途に対応したサービスを利用するためのプラットフォームとなっていったのである。

第Ⅲ部　情報・技術と国際化

経営の分野においても，WWW化は大きな潮流となり，さまざまな用途に対応したビジネス用のWebアプリケーションが登場しつつある。

1970年代に登場したマイクロ・コンピュータは，後にPCとして，個人が利用するコンピュータの基礎を作った。80年代に入ると，大型コンピュータの端末機として使用するためのPCの周辺機器が登場し，さらに，PC同士のネットワーク接続も可能になった。しかし，PCの利用目的の大部分は，ネットワークにかかわらない個人的なデータ処理の範囲にとどまっていた。また，UNIX（ネットワークに対応した基本ソフトウェア：Operating System）が動作するワークステーションでは，早くからネットワーク利用が進んでいたが，個人が購入するには高価格だったため，台数の面では普及に限界があった。

しかし，1995年にMicrosoft Windows95が登場したことが1つの契機となり，PCによるネットワークは急速に普及していった。これは以下の理由による。

① Microsoft Windows95のネットワーク接続機能

Windows95の発売当時，Microsoftは自社が運営するパソコン通信であるThe Microsoft Networkに力を注いでいたが，インターネットの急速な普及に対応するため，Internet Explorerを初めとするインターネット関連ソフトウェアを開発して市場に投入するようになった。

世界的に圧倒的なシェアをもつIntel製CPU（Central Processing Unit：半導体を用いたコンピュータの基本部品）を搭載するPC用のWindows95に，ネットワーク接続の機能が標準で含まれていたことは，PCからのインターネット利用を加速する要因となった。

② PCの高性能化と低価格化

1990年代に入ってPCの性能が向上し，かつてのワークステーションに見劣りしないものになってきた。また，販売台数の増大に伴い，価格も低下し，PCの普及に拍車がかかった。

また，PCと基本的な構造は同じだが，ネットワーク・サービスを担うのに適した仕様のPCサーバ機と呼ばれる機種も登場した。

第10章　企業経営とＰＣソフトウェア製品

③　Windows NTとLinuxの普及

ネットワーク・サービスを担うPC用の基本ソフトとしてMicrosoft Windows NTが開発され，特にバージョン4.0の発売以降，急速に普及した（現在はWindows2000に続いてWindows XPが発売されている）。UNIXベースのOSが動作するサーバ機の役割を，少なくとも中小規模のネットワークであればPCサーバ機が担えるようになり，さらにWindows NT上で動作する各種のサーバ・ソフトウェア製品が充実し，ビジネスでの運用にめどがついてきた。

また，安価なPCサーバで動作するPC-UNIXやLinux（UNIXと同等の機能をもつPC用の基本ソフト）が登場したことにより，小型コンピュータのサーバ機としての役割はいっそう増大することとなった。

PCのこうした発達によって，サービスを提供するサーバ・ソフトと，ユーザーがサービスを利用するクライアント・ソフトを組み合わせて運用するクライアント／サーバ・コンピューティングが，PCにおいても広く普及するようになってきたのである。

ビジネス用ＰＣソフトウェア製品の動向

ここでは，ビジネスの分野で利用されているPCソフトウェアの代表的なものをとりあげ，その利用法や情報技術の動向を明らかにする。

1　オフィス・ソフトウェア製品群

オフィスで使用するＰＣ用のソフトウェア製品としては，1980年代にワープロ，表計算ソフト，パーソナル・データベースが普及し，後にプレゼンテーション・ソフトがこれに加った。

1990年代中頃に起きたインターネット・ブームは，インターネットのビジネス利用への道が開かれたことに起因するが，情報技術面でWWWの斬新さがコ

ンピュータ・ユーザーを魅了したことも，大きな要因となっている。

1990年代後半にはWWWとインターネット・メールの利用が飛躍的に増加し，「パソコン」＝「ワープロ，表計算」という従来の図式を書き換えることとなった。

ワープロが紙媒体による文章形式の情報伝達と保存のツールであったのに対し，WWWとインターネット・メールは電子媒体を用い，紙にはあまり依存していない。

情報を受け取る側にとっては，紙媒体と（印刷せずディスプレイ上で見る）電子媒体には一長一短があるが，保存の点では，かさばらず紙資源の節約にもなる電子媒体が適していることはいうまでもない。

1990年代後半のワープロは，Webページの作成やメールの発信といった機能を備えるに至ったが，インターネットに接続してさまざまな情報活動を行ううえでのプラットフォームとしては，中途半端な存在にとどまっている。

他方，NetscapeのWebブラウザやMicrosoft Internet Explorerにおいては，Webページの編集ソフトやメール・クライアント・ソフトが添付され，インターネットに関するプラットフォームとしての役割を果たすようになっている。

1990年代後半のオフィス・ソフトウェア製品は，従来のワープロ，表計算ソフト，パーソナル・データベース，プレゼンテーション・ツールに，個人情報管理（兼グループウェア・クライアント）ソフトを加え，さらにWebブラウザと連携する形でインターネット対応を進めてきた。

オフィス・スイートを構成する各ソフトウェアは，それぞれ基本的な用途は明解であるが，ワープロでも，表計算ソフトでも，プレゼンテーション・ツールでもWebページを作成でき，さらにWebページ・エディタもあるということになると，それらをどう使い分けていけばよいのかが分かりにくくなり，ユーザーを混乱させることになる。

Microsoft製品を例にとると，個人情報管理兼グループウェア・クライアント・ソフトウェアを軸に，各種のソフトウェアがコンポーネントとして機能す

るようになりつつあるといえる。また，従来，ワープロが果たしてきた機能の多くは，Webページ編集ソフトやメール・クライアント・ソフトにその座を譲りつつあり，現代のオフィス業務における文章情報の発信法は，大きく変貌しつつあるといえよう。

2　データベース・サーバ

データベース・サーバ製品に限らず，サーバ・ソフトウェア製品はメインフレームやUNIX系のサーバ機とPCサーバ機の競合状態のなかで語られる存在であり，その点はオフィス・ソフトウェア製品と大きく異なっている。

サーバ・ソフトウェア製品のユーザーは個人ではなく，企業や役所などの法人ユーザーが中心である。法人ユーザーは，組織の規模や，業務の規模に応じてメインフレームまたはサーバ機を購入し，LAN（Local Area Network：構内ネットワーク）やWAN（Wide Area Network：広域ネットワーク）を利用して業務の情報化に努めてきた。

サーバ・ソフトウェア製品は他の分野のPCソフトとは，ほとんど競合関係が存在しない。データベース・サーバの場合，パーソナル・データベース・ソフトと用途が重複する面をもっているが，データベース・サーバではネットワークを通じての大規模データの共同利用という目的が明確であるため，もともとパーソナル・データベース・ソフトとの競合関係は薄く，インターネット／イントラネット時代に入ってむしろパーソナル・データベース・ソフトの利用範囲の方が狭まっている観さえある。

データベース・サーバがPCに移植された段階で顕著になったのは，システム管理ツールのGUI化である。UNIX系のデータベース・サーバは，コマンド行からの操作を基本としており，データベースの標準言語であるSQL（Structured Query Language）を使用して管理を行ってきた。Windows NT上で動作するMicrosoft SQL Serverは，管理者およびデータベース開発者用の画面がGUI化されているところに特徴があった。Oracleのデータベース・

サーバ製品も，GUIの管理者用画面を備えるようになっている。

ただし，管理ツールと開発ツールは，システム管理者やデータベース技術者が利用するプロ仕様のものなので，「使いやすさ」は重要だが，「操作の容易さ」よりも「機能の豊富さ」の方が重視される傾向にある。

なお，一般ユーザーは業務専用に開発されたクライアント・アプリケーション・ソフトを介して間接的にしかデータベースにアクセスしないため，その存在が意識されることはあまりない。

PCサーバ機用のデータベース・サーバ・ソフトはもともとUNIX系のサーバ機用のソフトを移植することから開発が始まったため，情報技術面での新奇性はあまりない。1980年代の後半にリレーショナル・データベースが主流になり，1990年代の前半にオブジェクト指向データベースが話題になったものの，現在は，オブジェクト・リレーショナルというハイブリッド型のデータベースが主流として定着しつつある。

しかし，1990年代の後半に入ると，データベース・サーバ・ソフトは激しい製品開発競争の時期に突入する。これはいうまでもなく，インターネットへの対応である。Oracleは1995年にSun MicrosystemsのJavaに賛同し，Java技術の組み込みは99年のOracle 8iというデータベース・サーバ・ソフト製品において実現した。

また，それとは別に，データベースのデータをより有効に活用するためのデータマートやデーウェア・ハウスといった構想も具体化され，データベース関連市場を賑わすようになっている。

3 グループウェア

グループウェアはグループワークの支援を目的とするソフトウェアである。グループウェアは，1980年代にLANや分散処理，ワークステーションといった技術が確立した時点ですでに構想されていた。ただし，グループワークを進展させられそうなツール群がいろいろ開発されていた。そのなかで，グループ

ウェアの代名詞ともいえる評価を確立したのは，Notesというソフト製品であった。NotesはLotusが発売しており，現在では，NotesクライアントとDominoサーバおよび各種の開発・運用ツールからなる製品構成をとっている。

インターネットの分野では，インターネット・メールとインターネット・ニュース（インターネットの掲示板）が，こうしたグループワーク支援のサービスとして利用されていた。

Lotus Notesはグループウェアのトップ・ブランドとしての地位を長い間，保持してきたが，1990年代の後半に入って事態は急展開を遂げる。インターネットの普及が，グループウェアの独自の地位を脅かすようになってきたのである。また，PCサーバ機用ソフトの分野では，Microsoft Exchange ServerというソフトウェアがNotesを追って，グループウェア市場での地位を築きつつある。

グループウェア・サーバのユーザーも法人ユーザーがほとんどであるが，一般のユーザーはオフィスでグループウェア・クライアントを利用することによって，その存在を間接的に知ることができる。Lotus Notes（クライアント）やMicrosoft Outlookの存在が，グループウェア・サーバの存在を（データベース・サーバに比べれば）身近にしているといえよう。

グループウェアに共通の（というよりもNotesによって確立された）用途は，グループウェア・メール，電子掲示板，グループ・スケジュール調整，会議室などの施設・設備予約システムなどである。NotesやOutlookといったクライアント・ソフトには個人のスケジュールやアドレス帳を管理する機能が加えられている。

リレーショナル・データベースの場合は，基幹業務に用いられた場合，必要なデータをデータベースに記録しなければ「ならない」が，グループウェアの場合は，それが導入される前には口頭やメモ，電話などで済ませていた内容が多いため，組織単位でグループウェアの利用を厳格に推し進めることが不可欠の前提となる。

1990年代後半におけるインターネットの普及は，グループウェアの存立その

ものに大きく影響する事態を生み出した。

① インターネット・メールへの統合化

1980年代はグループウェア・メールのほか，パソコン通信メールやインターネット・メールといった共通の技術基盤をもつメール・システムが互換性をもたないまま並存していた。しかし，90年代に入り，インターネット・サービス・プロバイダーを介して個人のPCユーザーがインターネットを利用できるようになると，こうしたメール・システムの互換性のなさは致命的な問題となってきた。

この結果，各種のメール・システムはインターネット・メールに合わせて統合化される形になり，グループウェア・メールはその独自性を失うことになった。

② WWWによる電子掲示板

WWWはインターネットに加入する組織のメンバーが，各種の文書をインターネット上で公開するためのシステムであったが，企業などの組織内部においても電子掲示板などの用途に有効活用できることが分かってきた。そのため，WWWによる電子掲示板や電子フォーラムのシステムはイントラネットの主要アプリケーションとしても普及し，グループウェアのもつ基本機能と重複するようになってきた。

さらにWWWページにJavaやJava Scriptでプログラムを組み込み，データベース・サーバと組み合わせることによって，WWW上でグループウェアを実現するシステムも登場した。グループウェア・ウェブと呼ばれるようになったこのシステムはソフトウェア製品としても販売されるようになり，グループウェア製品市場において有力な地位を占めるに至った。

③ 生き残りの方向性

1990年代の後半に入ってから，Lotusは（それに合わせてMicrosoftも）ナレッジ・マネジメント（組織に蓄積された知識・ノウハウを有効利用するための知識管理）のコンセプトを，Notes／Domino（Outlook／Exchange）に固有の付加価値サービスとして位置づけようとしてきた。この方向性はグループウェア製品

第10章　企業経営とＰＣソフトウェア製品

のライフ・サイクルを延長させる上ではかなり有用であったといえる。

4　WWW

　WWWの構築と運用に必要となるソフトウェアは，Webブラウザ，Webページ編集ソフト，Webサーバ・ソフトである。

　WebブラウザはWWWのページを閲覧するためのソフトウェアである。Netscape Navigatorというソフト製品の評判が高かったが，MicrosoftがInternet Explorerを無償配布し，Windowsにも組み込むことで，ユーザーを急速に増加させた。WebブラウザにはWebページ編集ソフトのほか，インターネット・メールとニュースを利用するためのソフトが付属しており，インターネット用の個人向け統合ツールとしての役割を果たしつつある。

　Webページ編集は，Webページがテキスト・ファイルであることから，Windowsに付属のメモ帳（notepad）などでも行うことが可能だが，現在ではワープロ・ライクなGUI編集画面をもつソフトが普及している。NetscapeのWebブラウザやInternet Explorerに付属のWebページ編集ソフトにはWebサイト（ひとまとまりのWebページ群）全体を管理する機能がない。パッケージ・ソフトとして販売されているWebページ編集ソフトには，Webサイトの管理機能が含まれている。

　Webサーバ・ソフトは，公開用のWebサイトを稼働させるためのソフトウェアである。

　現在，世界で最も普及しているWebサーバはApacheである。これはUNIX系のサーバ機で動作するライセンス料フリーのソフトウェアであり，Windows版も開発されている。MicrosoftのWebサーバであるInternet Information ServerはWindows NTに組み込まれている。したがって，PCサーバ機の分野でも，Webサーバ自体は無償のソフトウェアとなっている。

　したがって，このソフトウェア分野で有料の製品として販売できるものは，グループワーク支援機能や電子商取引機能などをWebサーバに組み込んだ，付加価値をもつサーバ製品に限られることになる。

Webサーバへの付加価値としては，そのほかにWebサイトの効率的な管理機能や，WWWを利用した通信販売のサイトなどを効率的に構築・運用する機能がある。これらは（リレーショナル・）データベース，メール，WWWといったインターネット／イントラネット時代におけるベーシックなサービス機能に対し，アドバンストな機能として位置づけることができる。

　WWW上での大規模なビジネスを構想している法人ユーザーにとっては，Apacheのようにサイトを個人の権限と責任で管理するWebサーバはやや使いづらく，むしろInternet Information Servicesのように集中管理も可能なWebサーバの方が使いやすいと考えられる。

　また，インターネット・ビジネスを積極的に展開していく際には，Apache＋CGIによるいわば手作りのシステムを構築するか，ベンダーの推奨するビジネス・モデルを備えた（その代わりに高額の）アドバンスト・サーバ製品を導入するか，システム開発の際に根本的な選択を迫られることになる。

　インターネット上でビジネスを展開しようとする場合，どちらのシステムでも開発費はかかるので，一概にどちらがよいとはいいにくい。

　WWWサーバに高付加価値をもたせる場合，グループウェア／ナレッジ・マネジメントの方向性のほかに有力なのは，電子商取引のためのシステムをWWWサーバに組み込む方向性である。電子商取引に関してはリレーショナル・データベースと連動させたシステムを構築して，取引の状況を管理するほか，代金決済のためのシステムを金融機関との間に確立する必要がある。個々の企業でこうしたシステムを導入するのは大掛かりなものになるため，本格的にシステムを構築しているのはやはり大企業が中心である。中小企業の場合でも，インターネット・ショッピング・モールなどに加入することで，こうしたシステムを利用することが可能である。

5 業務専用ソフトウェア

　業務用ソフトウェアには業種専用（例えば建設業専用，金融業専用など）のソフトと，業種を限定しない一般的な業務用ソフトがある。ここでは後者のみを取り上げる。

　一般的な業務専用ソフトの代表例は会計ソフト，人事管理ソフト，販売管理ソフトなど，一般的な職能に対応した業務を処理するソフトウェアである。

　ユーザーは個人事業主から中小企業，大企業まで幅広く，事業の規模によって情報化に支出できる予算規模が異なるため，それに対応した幅広い価格設定の製品群から，事業規模に応じた価格の製品を選ぶことになる。

　中小企業向けの業務用ソフトウェアは，1980年代にはスタンド・アローンのシステムが主流であったが，1990年代に入るとNovell NetwareやMicrosoft Windows NT／2000などのネットワーク・サーバOSに対応してネットワークを利用するシステムが多くみられるようになってきた。

　大企業向けの業務用ソフトウェアは，もともとメインフレーム上で運用されてきたシステムを，エンド・ユーザーのインターフェイスを改良するためクライアント／サーバ・システムに変更し，UNIX系のサーバ機用からPCサーバ機用に移植したものが多く見受けられる。1990年代に入って注目されたのは，一般的な業務を統合したERP（Enterprise Resource Planning）システムと呼ばれる大企業向けの統合業務システムである。

　企業内にネットワークを導入していない中小企業向けには安価なスタンド・アローン・タイプを開発し，コンポーネントを流用してネットワーク・タイプの製品も開発するというのが，中小企業向け業務専用ソフトウェアの開発パターンである。ただし，ネットワーク対応にする場合，パフォーマンスの点からOracleやMicrosoft SQL Server上にデータベースを作成・運用するタイプが増加している。

　大企業向けに注目されている統合業務システムは，1990年代後半に入ってクライアント／サーバ・ベースのシステムからイントラネット・ベースのシステ

ムへとバージョン・アップされるようになってきている。いずれのシステムもデータベース・サーバだけでなく，Webサーバも必要とする製品仕様となっているため，ベーシック・サーバ上のアドバンスト・サーバ・ソフトウェア製品としての性格を色濃くもつようになっている。

4 むすび

　一般に基幹業務と呼ばれる数量，金額の管理システムは，今日ではWebアプリケーションとして構築されるようになりつつある。また，インターネット上での通信販売システムなどは，はじめからWebアプリケーションとして構築されている。

　現代のPCソフトウェアは，インターネットの普及を契機としてあり方を大きく変え，いまやWWWを共通のプラットフォームとするソフトウェアに変貌を遂げたといえるであろう。

（参考文献）
　以下のソフトウェア，および各企業のウェブページを参照。
　　Microsoft SQL Server 2000
　　Microsoft Exchange Server 2000 Server
　　　マイクロソフト社　http://www.microsoft.com/japan/
　　Oracle 8i Workgroup Server R8.1.6
　　　オラクル社　　　　http://www.oracle.co.jp/
　　Lotus Domino R5
　　　ロータス社　　　　http://www.lotus.co.jp/

第11章
企業の海外直接投資と技術移転

1 はじめに

　企業の海外直接投資[1]の拡大とともに，投資元企業（親企業）の過去の経営活動によって獲得した経営管理・生産技術・ノウハウ・ブランド・信用などの経営資源を，投資先国（海外子会社）にどの程度持ち込めるかといった技術移転の問題が，今注目を集めている。海外直接投資は海外での予想利潤率獲得を目的に行われる以上，技術移転はそれを実現するための前提条件になると考えらてきたからである。

　日本企業について，技術移転の問題は，いわゆる日本的経営[2]（長期雇用慣行，年功的給与・昇進体系，企業別組合），日本的生産システム[3]（JIT，多能工，小集団活動など）の国際性と結びついた形で議論されてきた。これまでにも，外国人労働者からみた日本的経営，日本的経営・生産システムの国際的通用性，技術移転の成功要因，外国企業の日本的経営の利用を知る研究が数多く行われている。代表的な研究としては，ホワイト＝トレバー（White and Trevor, 1985），トレバー（Trevor, 1988），オリバー＝ウィルキンソン（Oliver and Wilkinson, 1992），安保ら（1991, 1996），浦田（1997），岡本ら（1998, 2000）があげられる。在英日系企業の事例研究を行ったホワイト＝トレバーは，日本的経営は，能力主義的なマネジャー層には大きな緊張を生むが，平等志向のブルーカラー層には歓迎される点を発見した。

　海外移転の本格的な実態調査は安保ら（1991, 1996）と岡本ら（1998, 2000）によって開始された。彼らは，日本的経営・生産システムの移転を「人の現地

化」，「物の現地化」などの側面から整理し，構成要素の現地への適用・適応水準を測定する質問票を作成した。そして日系企業数十社に対する数量分析と，いくつかのケースの詳細な分析に基づいて要素間にいかなる関係があるのかについて現実的な文脈に立ち入った考察を行い，日本的経営導入の業種間および地域間での共通性と差異性，定着を図る上での課題，および現地適応への動きを明らかにしたのである。最新の調査では，アメリカ・東アジア・ヨーロッパの3地域間の比較研究が行われている。

技術移転成功の決定要因を検討したのは浦田（1997）である。彼は，東アジアの日系企業175社のアンケート調査から技術移転成功の決定要因を推定している。彼の分析視角は，実際に使用されている技術の管理者に着目して技術移転の実施状況を判定するものである。現地スタッフが技術を管理している場合には技術移転は完了したと判断する。移転技術には操作技術・保守点検・品質管理などの製造技術，技術改良・製品設計にかかわる高度な技術が含まれる。推定結果からは，製造技術の移転には操業期間が重要な役割を果たすものの，より高度な技術の移転には相関がみられない。また技術移転に使用される方法のなかで，現地語で書かれたマニュアル，現地での講習会が技術移転を行うに当たって有効であるなど，移転技術の性格と技術移転の方法との関係について興味深い事実を明らかにしている。

外国企業で日本的経営がどのように利用されているかを検討したのがオリバー＝ウィルキンソン（1992）である。彼らは在英欧米企業66社の日本的経営の利用いわゆるジャパナイゼーションを紹介し，日本的経営の導入時期とその成果を明らかにしている。50数社の企業が日本的経営を実際に採用していることがわかり，彼らの調査結果は日本的経営の通念そのものを根底から再検討させる契機を提供したのである。このような研究成果の蓄積により近年，日本的経営の経済的合理性と文化的・社会的な側面が，次第に明らかになってきた。本章の目的は，日本企業の技術移転問題を日系企業の日本的経営の導入に注目し，既存研究の事実発見のなかで重要な側面に絞って紹介することである。

本章は以下のように構成されている。第2節では，技術移転問題の見方，技

第11章　企業の海外直接投資と技術移転

術移転の形態と方法が述べられる。第3節では，技術移転を促進，阻害する規定要因について述べられる。第4節では，日本的経営の導入とその変化の方向，定着を図る上での課題について，北米・東アジアの日系企業のケースを紹介する。第5節では，技術移転研究の今後の展開が述べられる。

2　技術移転問題の見方

　国際間で技術移転が行われるに当たってどのような形態・方法が採られているか。また技術移転を促進したり阻害する要因にはどのようなものがあげられるか。ここでは，こういった技術移転をめぐる問題に接近する視点について述べよう[4]。はじめに技術移転の形態・方法を説明する。そして技術移転を規定する要因については次節で整理する。

　技術移転の形態には企業内技術移転と企業間技術移転，技術援助がある。企業内技術移転は企業の海外直接投資によって行われる形態で，ある企業の親会社から海外子会社へ技術が移転されるものである。この場合，同一企業内での移転のため技術が企業外部に漏れる恐れはほとんどなく「技術の秘匿」が可能となる。したがって高度な技術の移転も行われやすいが，移転技術の水準は親企業の戦略・能力と受入れ国の受容能力に影響される。これに対し，企業間技術移転は，技術のライセンス契約など，市場を経由した企業間での技術取引によって実現される。ライセンス契約に関して制約条件が課されるので移転される技術は，多くの場合，標準化技術が対象となる。最後の技術援助による技術移転は政府レベルで実施され，経済協力や開発援助の一環として行われる。

　実際に行われているのは企業内技術移転が圧倒的に多い。このケースでの技術移転は，エンジニアや現場作業者などの人的資本，機械などの資本設備，マニュアルなどの技術情報を通して行われることになる。具体的な方法としては，技術実施権，生産設備，マニュアル，小集団活動，企業内訓練（OJT：On The Job Training），研修などによる知識と情報の移転があげられる。

ところで，技術移転の問題を扱う際，移転される技術の性格を知る必要がある。というのは性格によって技術移転の具体的な方法が異なるからである。親会社から海外子会社へ移転される技術は性格別に大別すると次の4つのタイプ，すなわち，(1)工場における機械の操作と直接関係のある技術，(2)専門技術者による工場を操作させる技術，(3)製品開発や研究開発に関する技術，(4)経営全般に関する技術に分類される。(1)，(2)は製造関連技術，(3)は高度な製品技術に相当する。(4)は子会社の経営自立化に関わるものである。一般的には，(1)と(2)，(3)の順番で段階的に移転される（小川・牧戸〔1990〕）。(4)はその中身によって移転時期は異なる。

企業は，このような技術の性格に応じて技術移転の方法を選択することになる。例えば，東アジアの日系企業に対する技術移転を検討した浦田（1997）によれば，機械の操作技術や保守・点検，品質管理，工程管理などの製造技術の移転に当たっては，OJT，研修，マニュアル，小集団活動が頻繁に用いられている。ところが，移転技術が技術改良・設計技術など高度化するに従い，研修の重要性が高まり，OJT，マニュアルは補助的な役割に変わり，小集団活動はほとんど用いられていない。特に高度な技術の移転に当たっては，現地スタッフを親企業（マザー工場）に招き，詳細な研修を行い，対応していることが明らかにされている。

また，マニュアルによる技術移転について彼は，使用言語（英語・日本語・現地語）に着目し，マニュアルの使用言語と移転技術の間の関係を調べた結果，次のようなパターンを見出している。製造技術に関しては現地語で書かれたものが重要な役割を果たしている一方で，高度な技術になるに従い，英語と日本語で書かれたマニュアルは相対的に重要性を増す。新製品の開発では日本語で書かれたものの重要性が非常に高いということが判明したのである。

技術移転の規定要因

　技術移転がどの程度進むかは，技術の移転側，すなわち親企業の国際的展開の戦略・能力，技術の受入れ国の属性に依存するといわれてきた。親企業は，利潤追求を背景として技術移転を行う限り，技術を慎重に吟味した上で選択的に移転したり，技術の出し渋りをする。すなわち，親企業はどのような製品や部品を製造することが適当であるか，どのような生産方法で製造すべきかを検討し，技術移転の内容と程度を決定する。

　また，進出先国の属性については，経済的・社会的環境，社会の文化的背景が問題になる。すなわち，国民の教育水準，労働コスト，カントリーリスク，道路・電力などのインフラの整備状況，工業化水準，関連支援産業の存在，非経済的要因として文化や国民性などがあげられる。親企業はこのような側面を評価しながら技術移転の程度を決定する。これらの要因は，いい換えると，技術移転を受け入れる吸収能力となる受入れ国側の最も重要な要因となるものである。

　以上の技術移転を規定する要因を，企業がコントロールできる要因，コントロールできない要因に整理したのが岡本（1998）である。彼によれば，まずコントロールできない要因としては，前述の受入れ国の属性に関するものが対象になる。経済的・社会的環境には，国民の教育水準，科学技術の普及度，職業教育の普及，人材育成制度の整備などがあげられる。また社会の文化的背景には，宗教，価値観，ライフスタイル，仕事に対する取り組み度合い，勤勉さ，外国文化に対する許容度などがあげられる。

　これに対し，企業がコントロールできる要因としては，移転する機械設備の技術水準，技術移転への努力と方法（マニュアル化の程度，派遣従業員に対する教育訓練，現地子会社の人材育成），親企業の国際的展開への姿勢があげられている。技術移転への努力と方法は，これまでも数多く実証研究で指摘されている重要な側面であり，技術移転の速度にも大きな影響を与える要因の1つである。現

第Ⅲ部　情報・技術と国際化

地スタッフがあまり理解できない言語で書かれたマニュアルでは技術の効率的な移転は行えないし，浦田（1997）によれば，高度な技術になるほど日本語マニュアルの使用が多い状況下では，現地スタッフの技術獲得の機会を制約する。また，派遣従業員のコミュニュケーション能力の不足や赴任先の文化や社会に対する知識の欠如が摩擦を生み出す結果，技術移転を阻害する事態を招く恐れがある。

　次節では，日本企業の技術移転の実態調査[5]を紹介する。技術の性格，移転先国によって日本的経営の導入に差異があり，また操業年数を重ねるに従い構成要素の導入（適用）水準に変化が現れていることが分かるであろう。

4　日系企業にみる日本的経営の導入

　安保らの研究グループ，岡本らの研究グループともに，最近，アメリカ・東アジア・ヨーロッパの日系企業の経営特性を比較した研究を発表している。彼らの先進的な調査は経営全般にわたっているので，ここで全部を取り上げるのは困難なので，以下では重要な事実発見に絞って紹介しよう。

1　安保らの調査結果

　安保らの研究グループの功績は，日本的経営・生産システムの移転についての実証研究の方法を開拓した点である。彼らは，日本システムのなかで主に生産技術関連を構成する基本的要素を23項目6グループに分解した上で，それぞれの側面の「適用」－「適応」関係を実態的に明らかにし，国際的な通用性を数値化してとらえる方法[6]を開発したのである。現地工場において，日本工場（マザー工場）で実施している方式をそのまま持ち込んでいる場合は「適用」，現地の条件に合わせて修正し導入している場合を「適応」とみなし，最も適用している場合は「5点」，最も適応している場合は「1点」というように得点

化する。すなわち，1から5段階評価によって技術移転を評価するのである。また彼らは，日本システムの移転を性格別にアプローチする「四側面評価」を提唱した。それは次の基準に従って前述の23項目のうち21について，(人的・組織的コアとなる)「ヒト方式」,「モノ方式」,「ヒト結果」,(機能的コアとなる)「モノ結果」に分類化[7]するものである。このような基準は，(1)日本の経営管理や工場運営の方法を現地に持ち込む側面と，本国で育成された人材や開発・生産された生産設備・部品などの結果'出来合い'の要素を持ち込む側面，(2)移転される要素がヒトに関係するものか，モノに関係するものに着目し，整理されたものである。

彼らの実態調査は，1986年の北米日系工場14社（自動車組立・自動車部品・家電・半導体）を手始めに，順次，調査範囲（今日ではアジアNIES，ASEAN，ヨーロッパ）を拡大してきた。ここでは，地域別差異と経年変化を知るのが目的であるので，北米と東アジアの現地工場を対象にした結果を紹介するのにとどめる。

図表11－1には，同地域の自動車組立工場5社での日本的経営の適用・適応水準が示されている。ただし，北米工場については調査が2回実施（1989年と93年）されているので経年変化を示した。総平均でみると北米が3.4（3.5）点，東アジアが3.3点で，北米の方の適用水準が若干上回るので，米国工場で日本方式に近い経営が行われるといえよう。地域別に適用・適応水準をみると以下の差異がある。まず北米工場についてであるが，「ヒト方式」では，人的・組織的コアとなる「Ⅰ 作業組織・運営管理」のなかで，1）職務区分，3）多能工，6）作業長の適用水準が高いのに対し，2）賃金体系の低さが目立つ。「Ⅱ 参画意識」は小集団活動以外の適用水準は著しく高い。なるほど賃金体系は国の歴史的社会的な要因と密接に関係し，小集団活動の方は人間の行動様式ないし意識形態と直結するものなので，これらの適用水準が極めて低いのは自然な結果と受け止められる。現地工場への純日本的なものの持ち込みの難しさが窺える。ところが，「Ⅲ 労使関係」を構成する要素の適用水準はいずれも抜群に高い。日本的経営の導入を図るために従業員の経営参加を促すための環

第Ⅲ部　情報・技術と国際化

図表11-1　日系自動車組立工場における適用・適応水準

	北米 '93('89)変化	東アジア		北米 '93('89)変化	東アジア
【方式面】			「モノ方式」		
「ヒト方式」			14）メンテナンス	3.4 (3.0) ↑	3.2
Ⅰ　作業組織・運営管理			15）品質管理	3.8 (4.0) ↓	3.4
1）職務区分	4.0 (4.8) ↓	5.0	21）部品調達方法	2.6 (3.0) ↓	3.2
2）賃金体系	2.0 (3.4) ↓	3.4			
3）多能工	3.6 (3.4) ↑	3.8	【結果面】		
4）教育訓練	3.8 (3.4) ↑	4.0	「ヒト結果」		
5）昇進	2.8 (3.2) ↓	3.3	17）日本人比率	2.4 (2.8) ↓	1.3
6）作業長	3.6 (3.2) ↑	3.3	18）現地経営者地位	3.0 (3.0) →	2.3
Ⅱ　参画意識			「モノ結果」		
7）小集団活動	3.2 (2.8) ↑	3.5	19）生産設備	4.0 (4.0) →	3.3
8）情報共有化	3.8 (4.4) ↓	3.6	20）ローカルコンテンツ	1.8 (2.0) ↓	2.6
9）一体感	4.2 (4.4) ↓	3.4	16）部品調達先	2.6 (3.0) ↓	3.3
Ⅲ　労使関係					
10）雇用政策	3.8 (4.2) ↓	3.2	現地会社の権限		
11）雇用保障	4.2 (5.0) ↓	3.7	23）現地会社の権限	3.2 (3.0) ↑	2.3
12）労働組合	4.2 (4.4) ↓	4.1			
13）苦情処理	4.2 (3.2) ↑	3.3	22）操業管理	3.8 (3.2) ↑	3.5
			総平均	3.4 (3.5) ↓	3.3

（注）　Ⅳ生産管理：14）メンテナンス，15）品質管理，19）生産設備，22）操業管理。
　　　Ⅴ部品調達：16）部品調達方法，20）ローカルコンテンツ，21）部品調達先。
　　　Ⅵ親－子会社関係：17）日本人比率，18）現地経営者の地位，23）現地会社の権限。
（出所）　安保哲夫編著「アメリカにおける日本的生産システムの移転，1989-93年：変化の方向とアジア，ヨーロッパとの比較」『国民経済雑誌』第174巻第1号（1996年）の第2表，第4表に筆者が加筆。

境を意図的に作り上げようと努力しているのが窺える。一方，モノ面については，「モノ方式」を構成する要素の適用水準は総じて高く，また機能的コアとなる「モノ結果」のなかでは生産設備の適用水準は群を抜いて高いのである。

次に，各要素の適用・適応水準の経年変化をみよう。「ヒト方式」を構成する前述の要素は操業年数を重ねるに従い適用水準を上昇させているが，しかし前回の調査で適用水準が低かった，2）賃金体系はさらに低下し，7）小集団活動は多少上昇しているが相対的に低い。他方「ヒト結果」では，日本人比率の適用水準は低下している。このような方式面と結果面の対照的な動きから彼らは重要な発見をしている。それは，日本人比率の低下によって「ヒト結果」面での現地適応を図りながら，「ヒト方式」の適用水準を高めているという事実である。日本的経営の実質的な現地化に当たってはいうまでもなく，方式面の適用が決定的に重要な役割を演じる。「ヒト方式」が根づいていなければ，日本企業が撤退した際現地には何も残らないからである。したがって「ヒト方式」という日本システムのコア部分の適用水準の上昇は，真の技術移転にとって大変好ましい動きなのである。

ところで，「モノ結果」を構成するローカルコンテンツ，部品調達先とも，自動車組立産業にとっては決定的に重要な要素で，日本システムの準コア部分となるものである。これらの適用水準が低下しているのである。この変化は現地部品サプライヤーとの間で日本式の長期的な取引関係が形成されているということを示唆するもので，これもまた日本システムの現地化にとって好ましい動きである。

他方，東アジア工場の日本的生産システムの適用・適応水準には次の特徴がみられている。「ヒト方式」を構成する要素の適用水準は全体的に高く，しかも大部分の要素が北米工場を上回る。この理由には，アジアにはアメリカのような確固とした経営管理方式が存在しないので，日本システムを持ち込むうえでの障害が少ないためといわれる。それに対し「ヒト結果」の適用水準は低く，なかでも日本人比率の低さが目立つ。また現地経営者の地位は北米工場に比べると適用水準は低いことから，東アジア工場では経営者の現地化が進んできて

いると解釈される。この理由には，日本語によるコミニュケーションが可能であることからくる現地人経営者の日本方式への理解の表れであるといわれる。次に，モノ面についてであるが，生産設備は適用寄りで，ローカルコンテンツは適応寄りである。生産設備が適用寄りなのは，東アジア工場の役割は日本を含めた先進国市場向けの輸出拠点として位置づける日本企業が多いため，新鋭設備を備えた輸出専門工場を設置しているからである。一方，ローカルコンテンツが適応寄りなのは，現地政府が部品調達規制を行っていることが背景にある。

　以上，安保らの実証研究の事実発見を述べてきた。彼らの調査によって，日本的経営・生産システムを構成する諸要素のなかで現地へ適用可能な部分と，現地適応の必要性がある部分が明らかにされつつある。北米工場では，日本システムの人的・組織的コア部分となる「ヒト方式」が根づく方向に移ってきていることが分かった[8]。

2　岡本らの調査結果

　岡本らの研究グループの特徴・貢献は，既存研究で捨象されている親企業の基本戦略・所有戦略・経営目標，現地子会社の競争環境の違いによって，日系現地子会社の日本的経営の導入・定着にどのような違いが現れているかを数量的にも明らかにしている点である。また「考え方の現地化」という視点を導入し，日本人マネジャーと現地人マネジャー・従業員の間でのコミュニケーションギャップと日本的経営導入の関係を整理している点である。彼らの実態調査は，自動車組立，自動車部品，電機・電子，化学を対象として，1995年に東アジア日系企業53社，96年に北米日系企業32社，97年にヨーロッパ日系企業に対して行われた。ここでは，紙幅の制約から，親会社の基本戦略と現地子会社の自立度，操業年数と現地子会社への権限委譲の関係，コミュニケーションギャップの問題について，東アジアの現地子会社の調査結果から明らかとなった点を紹介しよう。

第11章　企業の海外直接投資と技術移転

　彼らは，親企業の基本戦略を，グローバル市場志向戦略，現地市場プラス海外市場戦略，現地市場戦略の3つに類型化した上で，戦略タイプ別に現地子会社の自立度を調べている。分析結果によれば，グローバル市場志向戦略をとる親企業の現地子会社の自立度は低いという常識的な結論を得ている一方で，予想に反し，現地市場志向戦略をとる企業でも子会社の自立度は低いという結果を見出している。したがって，現地子会社の自立度は親企業の基本戦略に大きく影響を受けるとは限らない，ということが明らかにされたのである。また彼らは，現地子会社への権限委譲について次のような驚くべき事実を得ている。すなわち，現地子会社への権限委譲を操業年数で説明した結果，操業10年未満よりは操業10年以上20年未満の方が権限委譲は進んでいるものの，操業20年以上になるとあまり進んでおらず逆に低下するということが見出されているのである。

　コミュニケーションギャップ（言語ギャップ，考え方ギャップ）について，彼らは次のような結論を得ている。ギャップが少ないほど日本的経営の導入・定着が進む傾向にあるということ。ギャップの種類と大きさは国ごとに異なるということ。そしてこの差異が日本的経営導入の地域間格差と現地子会社の経営成果の差を生み出す原因として働いているということ。例えば，言語，考え方ともにギャップが多いのがタイ・台湾・中国で，これに対し韓国・マレーシアではギャップがほとんどないという結果が出ている。後者に立地する現地子会社は，考え方の現地化を進めながら経営システムの構築を行っている企業が多く，現地化の低い企業と比べると経営成果として現地生産能力・欠勤率・現地調達率のいずれの面でも優っているのである。また彼らは，ギャップを生み出す原因を探索した結果，言語ギャップについては従業員の離職率が高まるほど大きくなることや，日本的経営の性急な導入は言語ギャップ，考え方ギャップともに拡大させることを確認している。岡本らの研究では，以上に述べたように，分析視角のなかに親企業の基本戦略・所有政策・経営目標などや，「考え方の現地化」を導入したことにより，日本的経営の導入・定着を図る上での興味深い知見が数多く得られている。

第Ⅲ部　情報・技術と国際化

5　むすび

　本章では，日系企業の経営を丹念に調査した既存研究の成果に基づき，日本的経営の海外移転の実態と定着への課題について述べてきた。欧米企業に比べ海外生産経験の浅い日本企業は，進出先国の諸条件を踏まえつつ，日本的経営を段階的に移転している状況が明らかになったと思われる。また，日本的経営・生産システムのコアとなる要素の一部が現地に根づく方向にあることや，構成要素の導入・定着をはかる上で配慮すべき諸点を示すことができたと思われる。技術移転は，企業の海外経営が成功するかどうか，あるいは現地工場の事業継続性（存続率）を決定する重要な要件だけに，日本企業は今後ともいっそうの努力を続け，技術移転を促進する工夫をこらしていくものと考えられる。

　最後に，視点を技術移転研究の方法論に移してこれに関わる課題をあげることにしよう。大きく分けて2つあり，1つ目は技術移転の一般化に向けの課題である。安保ら，岡本らを含めた既存研究の研究方法は，どちらかというと技術移転を行う側の優位性に基づく比較論に重点が置かれてきた。もちろん岡本らは，前述したように企業の経営目的などの変数を分析視角に導入したことで一般化に貢献しているが，日本企業のみの調査であるので日本企業と欧米企業間といった国際間の類似性と差異性は明らかではない。一般化に当たっては，ゴシャール＝ウスティニー（Ghoshal and Westney, 1993），ルービン（Rubin, 1996）の提唱するような分析視角に基づく国際比較が必要になると考えられる。

　2つ目の課題は，技術移転論は双方向移転を含めた形で再構築される必要があることである。従来の技術移転論は親企業から海外子会社への移転を前提に構築されており，海外子会社から親会社への技術移転は軽視されてきたのである。しかしこのような前提が，海外製造販売子会社から親会社に製品開発技術の移転（「親が子を学ぶ」）が行われていることを例証した吉原（1992）などの研究によって最近問い直されている。多数の海外子会社をもつ多国籍企業による技術移転の問題を考える際には，バートレット＝ゴシャール（Bartlett and

Ghoshal, 1989) の視点を分析フレームワークに入れた新たな研究が要請されるところであろう。

(注)
1） 日本企業の海外直接投資は1960年代の発展途上国の対外政策（輸入代替工業化）への対応として開始された。1980年代後半に入ってからは，国内での労働コストの上昇，欧米諸国との通商摩擦，85年以降の長期的な円高，発展途上国側の政策転換などによって著しく増大した。
2） 日本的経営をはじめて指摘したのはAbegglen, James C., *The Japanese Factory : Aspects of Its Social Organization*, Free Press, Glencoe, Ⅲ, 1958（占部都美訳『日本の経営』ダイヤモンド社，1958年）である。
3） 日本的生産システムの詳しい中身は，安保哲夫編著『アメリカに生きる日本的生産システム』東洋経済新報社，1991年を参照。
4） 技術移転の問題を整理するに当たって次の文献を参照した。谷浦孝雄編著『アジアの工業化と技術移転』アジア経済研究所，1990年。
5） 以下では，実証研究のフロンティアを開拓した安保ら（1991，1994，1996），岡本ら（1998，2000）の研究成果を取り上げる。
6） 評価基準は，安保，前掲書，33〜55ページを参照。
7） 方式面と結果面の違いは，安保哲夫編著『日本的経営・生産システムとアメリカ：システムの国際移転とハイブリッド化』ミネルヴァ書房，1994年，11ページを参照。
8） 進出当時の日本企業は，方式面での適用水準の低さを埋め合わせるために「ヒト結果」，「モノ結果」のパッケージ化された要素の持ち込み（人的・組織的コアに比べると機能的コアの適用を重視する）を積極的に行う技術移転を行ってきたといわれる。

(参考文献)
(1) Abegglen, James C., *The Japanese Factory : Aspects of Its Social Organization*, Free Press, Glencoe, Ⅲ, 1958.（占部都美訳『日本の経営』，ダイヤモンド社，1958年）
(2) 安保哲夫編著『アメリカに生きる日本的生産システム』東洋経済新報社，1991年。
(3) 安保哲夫編著『日本的経営・生産システムとアメリカ：システムの国際移転とハイブリッド化』ミネルヴァ書房，1994年。
(4) 安保哲夫編著「アメリカにおける日本的生産システムの移転，1989-93年：変化の方向とアジア，ヨーロッパとの比較」『国民経済雑誌』第174巻第1号，1996年。

(5) Christopher A. Bartlett and Sumantra Ghoshal, *MANAGEING ACROSS BORDERS : THE TRANSNATIOANL SOLUTION*, Harvard Business School Press, 1989. (吉原英樹訳『地球市場時代の企業戦略』日本経済新聞社, 1990年)

(6) Davidson, W.H.and Mcfetridge, D.G., "Key characteristics in the choice of international technology transfer mode", *Journal of International Business Studies*, Vol.16, 1985, pp. 5 −21.

(7) Ghoshal S. and E.Westney, *ORGANIZATION AND THE MULTINATIONAL CORPORATION*, 1993. (江夏健一監訳『組織理論と多国籍企業』文眞堂, 1998年)

(8) 洞口治夫『グローバリズムと日本企業：組織としての多国籍企業』東京大学出版会, 2002年。

(9) 板垣博編著『日本的経営・生産システムと東アジア：台湾・韓国・中国におけるハイブリッド工場』ミネルヴァ書房, 1997年。

(10) White M. and M. Trevor, *UNDER JAPANESE MANAGEMENT*, HEINEMANN EDUCATIONAL BOOKS, 1985. (猪原英雄訳『ジャパニーズ・カンパニー：外国人労働者がみた日本式経営』光文社, 1986年)

(11) Trevor M., *TOSHIBA NEW BRITISH COMPANY : COMPETITIVENESS THOUGH INNOVATION IN INDUSTRY*, Policy Studies Institute, 1988. (松村司叙・黒田哲彦訳『英国東芝の経営革新』東洋経済新報社, 1990年)

(12) 岡本康雄編著『日系企業in東アジア』有斐閣, 1998年。

(13) 岡本康雄編著『北米日系企業の経営』同文舘, 2000年。

(14) 小川英次・牧戸孝郎編『アジアの日系企業と技術移転』名古屋大学出版会, 1990年。

(15) 岡本義行編著『日本企業の技術移転』日本経済評論社, 1998年。

(16) Oliver N.and Wilkinson B., *The Japanization of British Industry : New Developments in the 1990 s*, Blackwell Publishers (Oxford), 1992.

(17) 谷浦孝雄編著『アジアの工業化と技術移転』アジア経済研究所, 1990年。

(18) 涂照彦編「東アジア国際競争力比較における接近――日本・オセアニア・ＮＩＥＳの企業経営, 技術革新と移転――」『調査と資料』第110号, 2000年。

(19) 浦田秀次郎「日本企業の東アジア現地法人における技術移転」『三田学会雑誌』90巻2号, 1997年, 257〜270ページ。

(20) 吉原英樹『富士ゼロックスの奇跡』東洋経済新報社, 1992年。

(21) Rubin, H. (eds.), *International Technology Transfers*, Kluwer Law International, Ltd, 1996.

第12章
サプライチェーン・マネジメント(SCM)

❶ はじめに

　今日，国境という垣根がますます低くなり，第10章で検討されたが，情報ネットワーク，情報技術（IT）の急速な進歩と相まって，市場をめぐって激烈な企業間競争が展開されつつある。その結果，一方でグローバルな産業再編成が行われ，もう一方ではグローバルな協調，提携関係もみられるようになっている。

　そうしたなか，個別企業の枠を超えて，製品の開発から部品生産，組立て，流通，顧客サービスまで，1本の連鎖（チェーン）と考え，それを構築し，運営・管理することによってリード・タイムの短縮やコスト・ダウンを図り，もって高収益を達成しようとする動きが，最近，富にみられるようになっている。クイック・レスポンス（以下，QRと略記する）やECR（Efficient Consumer Response），サプライチェーン・マネジメント（以下SCMと略記する）である。もはや拡大が見込めない市場も少なくない。その際，他に顧客との関係をより深めていこうとするバリュー・チェーン（価値連鎖）やディマンド・チェーン（需要側からみた連鎖）といったアプローチも提唱されている。このうち，最も重要と思われるのがサプライチェーンとSCMであろう。

　さて，SCMを分析する視点としては，①IT・情報ネットワークの視点，②流通・マーケティングの視点，③企業間関係の視点，④生産システムの視点などがある。本章では，④の視点からアプローチしてみよう。

　これまで経営・生産システムがわが国企業の海外直接投資に伴って海外へ移

転可能かどうか，どの程度移転されたのかといったことが研究されてきた。ところが今日では，前章（第11章）で検討されたように，海外からの経営・生産システムの移転（いってみれば逆輸入）が注目されるようになっている。本章では，それを一歩進めて，SCMは経営・生産システムの国際的な相互移転の段階（相互浸透の段階）での1現象であるととらえてみよう。米国で生まれたといってよいSCMであるが，もとはといえばそのルーツは日本にある。日本的生産システムが米国に移転，普及し，彼の地で概念化・システム化し直されて生まれたのがSCMである。それが再度わが国に移転（逆輸入）されつつある。

本章では，こうした視点にたち，SCMが今日の企業にとっていかなる意義をもち，役割を果たしているのかを明らかにし，また問題点は何かについて若干検討してみたい。

2 連鎖経営（チェーン・マネジメント）の生成，発展

1　SCMの生成

いうまでもなく，SCMは忽然と現れたのではない。むろんそれぞれの産業部門によって事情は異なるけれども，特には米国企業が消費者・市場との関係や日本企業との競争力の低下に悩み，1980年代以降，日本企業に学ばざるを得なくなったことが，SCM生成の背景になっている。ツールとしてのソフトウェアや情報技術（IT）の発展もその背景の1つとして挙げることができる。

当然のことながら，開発，生産，物流，情報，マーケティングなど，どこに研究の重点を置くのかによって，あるいはどのような研究分野からアプローチするのかによって，SCMの説き方が異なってくるであろう。本章では，SCMの生成から掘り起こして，かつ製造業企業を「起点」として理解することにしたい。つまり，①一方にQR，ECRが発展したものとして，②もう一方にリーン生産システムが発展したものとして，SCMを理解することにしたい。

第12章　サプライチェーン・マネジメント（SCM）

2　QR

　企業間連鎖という観点からは，その連鎖（チェーン）の起点をどこに求めるかによっていくつかの種類・タイプがみられることになる。

　最初に取り上げてよいと思われるのが，QRである。QRとは文字どおりには「素早い対応」ということである。最も簡単には，企業が市場や需要に迅速に対応しようとすることである。これまで，市場そのものを無視した生産も流通もあり得なかったし，これからも恐らくあり得ないだろうが，QRとは情報技術，特にはツールとしてEDI（Electronic Data Interchange）[1]を利用して消費者のニーズを把握し，その情報を小売企業から製造業企業へ素早く伝達し，消費者ニーズに合った商品を迅速に生産し，供給しようとするシステムのことである[2]。

　1985年頃から米国の繊維，衣料品業界を中心にこうしたアプローチが広まった。QRが生まれた背景には，輸入品が米国内市場でシェアを高め，米国内のアパレル産業が空洞化する恐れが生じたからであった[3]。ともあれ，この場合，企業間連鎖の起点は主として米国の流通・商業企業にある。

3　ECR

　同じように流通・商業企業を起点とした，企業間連鎖へのアプローチが，ECRである。ECRとは，製造業企業と卸売企業，小売企業が，やはりEDIを利用して生産から消費までの情報とモノの流れの効率化を図ることにより，事実はともかく考え方としては消費者の視点に立ち，価格，サービス，商品を提供するシステムのことである。1993年頃，食品企業や日用品・雑貨企業を中心にその構築が進められてきた[4]。

　スーパーマーケット，卸売企業，製造業企業（食品企業）などが個別にコスト・ダウンを図るのはもはや限界に達していたことが背景にあった。

　つまり，これらの企業は自社内でのコスト・ダウンには熱心でも取引先のコ

スト・アップには無関心であった。一方の企業（例えば小売企業）のコスト・ダウンがもう一方の企業（例えば製造業企業）のコスト・アップになってしまうという，いわばゼロ－サム・ゲームになっていた。

アパレル産業がQRを行い，製造業企業と小売企業間双方でコスト・ダウンを図り得たのをみて，食品企業や日用品・雑貨企業を中心にECRというアプローチが生まれた[5]。

4　QR，ECRの発展形態としてのSCM

企業間連鎖に関するもう1つアプローチが，上のQRとECRをさらに発展させたSCMである。QRとECRでは，主として小売企業，卸売企業，製造業企業の3者に焦点を当てて，「製販一体化」が展開されてきた。ところが，SCMではいっそう市場が重視され，この3者に加えて，部品サプライヤー，原材料企業まで連鎖として考えられる。

QRおよびECRでは，商品の流れと在庫，取引データの流れの共有化が中心であった。ところが，SCMでは，製品，半製品の流れや在庫に関する情報を共有化し，チェーン全体の効率追求が目標とされる。さらにSCMでは，個々の消費者の購買経歴，趣味傾向などを分析し，各消費者のニーズに合わせた提案の可能性をも追求される[6]。

３　SCMとは何か

1　サプライチェーンとは何か

さて，SCMの対象であるサプライチェーンとは何か。まとまった一定の意味・内容をもつものとして，サプライチェーンという用語は，筆者が知る限り，すでに1980年代末に英国の研究者が使用している例をみることができるが[7]，

第12章　サプライチェーン・マネジメント（ＳＣＭ）

本章では紙数の都合から１，２に限定し，その概念をみてみよう。

海外のある研究者は，「サプライチェーンとは，原料段階（鉱石からの精錬なども含んで）から商品の加工やエンド・ユーザーまでの流れに関連した，かつ情報の流れにも関連した，あらゆる活動を包摂している。原料と情報の流れは，サプライチェーンの最上流部から最下流部まで流れる」[8] としている。海外の別の研究者は，サプライチェーンとは，「相互に結びつきかつ相互に依存する組織のネットワークであり，サプライヤーからエンド・ユーザーまでの材料と情報の流れを制御し，管理し，改良するために共同する組織のネットワークである」[9] としている。

わが国のある研究者は，「サプライチェーンとは，原材料の供給から顧客への製品納入まで，モノの流れの連鎖であり，製造，物流，販売すべてのビジネス・プロセスをカバーする。サプライチェーンとは，製造企業，卸・小売企業の上流から下流まで複数の企業を連ねる概念である」[10] といっている。

何個かの，何十個かの，あるいは何百個かのリング（鐶，わっか：連鎖企業。サプライチェーンを構成する企業）がつながってサプライチェーンが構成される。最も簡単には図表12－１のように，ついで図表12－２のように表すことができる。

こうしてみれば，サプライチェーンとは，単なる「供給連鎖」ではなく，図表12－２に表されているように，「原材料の供給から最終消費者に商品がわたるまでの関係するすべてのプロセスを指す」と理解することができる。

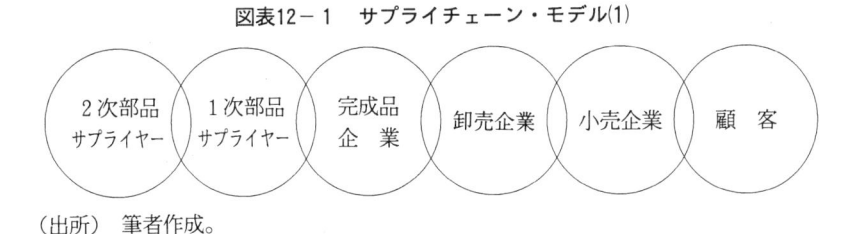

図表12－１　サプライチェーン・モデル(1)

２次部品サプライヤー　―　１次部品サプライヤー　―　完成品企業　―　卸売企業　―　小売企業　―　顧客

（出所）　筆者作成。

第Ⅲ部　情報・技術と国際化

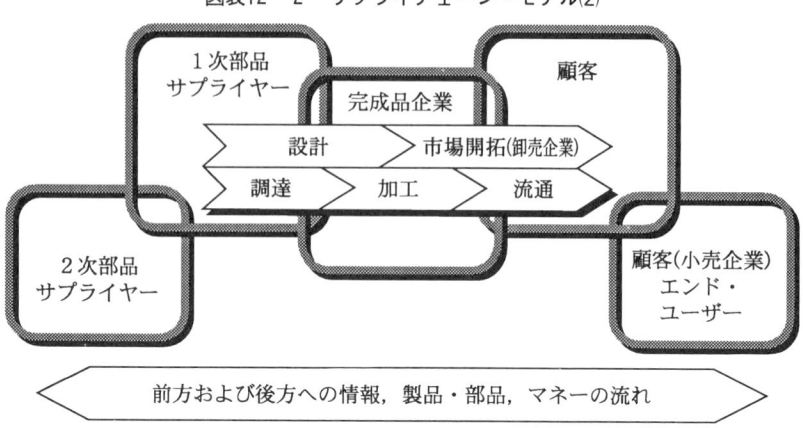

図表12-2　サプライチェーン・モデル(2)

```
        1次部品
        サプライヤー        完成品企業          顧客
                          設計 → 市場開拓(卸売企業)
                          調達 → 加工 → 流通

        2次部品                                顧客(小売企業)
        サプライヤー                            エンド・
                                              ユーザー

        ← 前方および後方への情報，製品・部品，マネーの流れ →
```

（出所）　Poirier, C.C.and S.E.Reiter, *Supply Chain Optimization*, Berret-Koehler Publishers, 1996, p.6 に加筆。

2　SCMとは何か

　それでは，SCMとは何か。

　海外のある研究者は，SCMとは，「サプライ・チェーン全体を通じて，最も低いコストで顧客へ最もよい価値を引きわたすために，サプライ・チェーン内の上流から下流におよぶマネジメントである」[11]という。

　わが国研究者は，「サプライ・チェーンを構築し，そのサプライ・チェーン上の活動を全体的に統合し，経営戦略と連動させ，システム的に管理する考え方をSCMと呼ぶが，この場合，部門間，組織間，企業間の課題・問題をインターフェイスによる個別解決ではなく，全体の統合と，サプライ・チェーン内の上流工程，下流工程とのパートナーシップによって解決，改革する考え方，概念がSCMである」[12]としている。

　こうしてみると，SCMとは，サプライチェーン内の「モノと情報」の管理を統合的に行い，サプライチェーン全体の最適化を追及する考え方であると，あるいはサプライチェーン内の連鎖企業の相互関係を改善し，競争上の優位性

第12章 サプライチェーン・マネジメント（SCM）

を達成すべき経営・管理活動の総体であるといえよう[13]。

　現実はともかくも，考え方（概念）としては，SCMは，複数の企業間にわたる分業化，専門化と再統合を全体最適の観点から図ろうとする活動である。SCMは，情報技術の発達と，物流インフラストラクチャーの充実，アウト

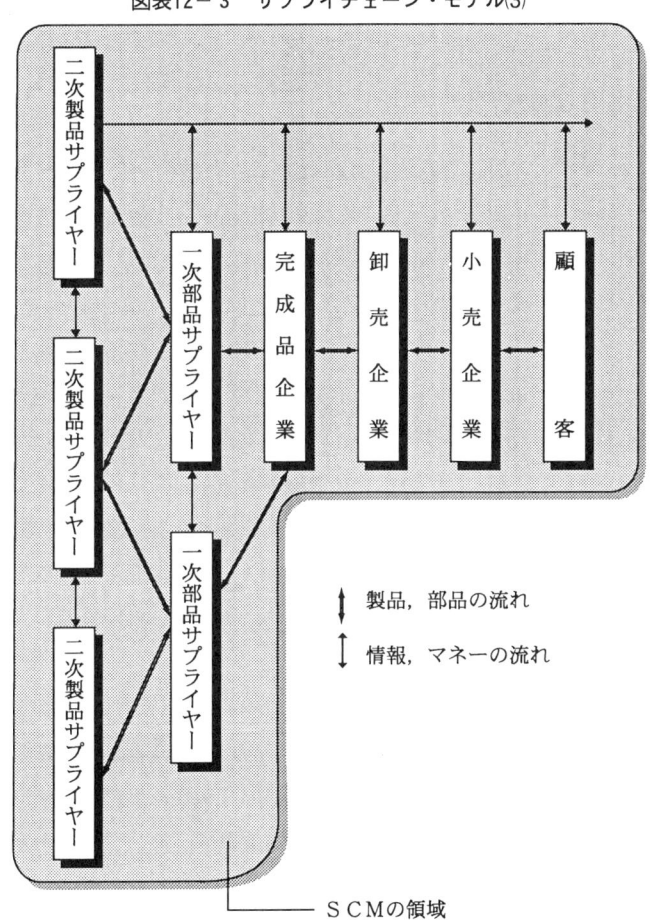

図表12-3　サプライチェーン・モデル(3)

```
二次製品サプライヤー ─┐
                    ├→ 一次部品サプライヤー ─┐
二次製品サプライヤー ─┤                      ├→ 完成品企業 → 卸売企業 → 小売企業 ← 顧客
                    ├→ 一次部品サプライヤー ─┘
二次製品サプライヤー ─┘
```

↕ 製品，部品の流れ
↕ 情報，マネーの流れ

──── SCMの領域

（注）　双方向矢印は，資材の再利用と情報のフィードバックを示す。
（出所）　Handfield, R.B.and E.L.Nichols, Jr., *Introduction to Supply Chain Management*, Prentice Hall, 1998, p.5に加筆。

ソーシング(専門)企業の台頭により,顧客満足を実現するために必要な統合的ビジネス・プロセスを最適な企業の組み合わせで実現しようとする。あたかも1企業の行動の如く実現する。いうところのバーチャル企業というわけである。サプライチェーンにおけるリング(連鎖企業)間の関係とSCMの領域を示したのが図表12-3である。

3　SCMの普及

SCMという考え方が知られるようになり,また技術的にもインターネット技術,データベース技術,ハードディスク技術といった情報通信技術の発展やSCMソフトウェアといった各種ツールの格段の進歩によってSCMが各産業分野に普及しつつある[14]。

サプライチェーンとは文字どおりには供給連鎖のことであるから,供給サイドに力点があるように思われる。ところが,サプライチェーンという場合には市場ないしは需要側からの「プル」という視点がある。あえていえば,「デマンド・プル・システム」ということである。かくして,その普及は,食品,ビールをはじめ,資材,石油化学,アパレル,住宅設備,文房具,家電品,半導体,電子機器,百貨店,スーパーなど幅広い分野におよんでいる[15]。

4　グローバルSCM

SCMについては,その当初からグローバルなそれが議論の対象となっている。いうところのドッグ・イヤーでの変化どころかラット・イヤーでの変化とでもいうべく,アジアや中国など発展途上国企業が自らサプライチェーンを構築し[16],あるいはサプライチェーンの一環を担う場合もみられる。

世界各地の市場,需要の変化に迅速に対応すべく,為替,物流費,人件費などのさまざまな条件から,開発,生産,購買などの機能の世界最適地を求めて活動を展開し,競争上の優位性を高め,利益向上を図るべく,主要な企業の間

第12章　サプライチェーン・マネジメント（ＳＣＭ）

では「グローバル・サプライチェーン」が構築されつつある[17]。あるいは部分的に構築中である。

❹ ＳＣＭのルーツとしてのリーン生産システム

1　リーン生産システム

　ＳＣＭの基本的な考え方は，リーン生産システムにあると先に記した。ところが，現象を記述するだけのものはともかくとして，それを理論的に説く研究は筆者が知る限り，ほとんどいない。

　ところで，本章では，ＳＣＭを日本的生産システムを発展させた企業間連鎖と捉えることにしたい。このように捉えるならば，ＳＣＭが日本的生産システムが各国に普及し，リーン生産システムとして知られるようになった後に，すなわち，1990年代もしばらく経って，本格的に議論されるようになったのもゆえであることと理解できよう。

　さて，世界に広まった日本的生産システムをモデル化したのがリーン生産システムである。その日本的生産システムの代表（リプレゼンタティブ）とみてよいのがトヨタ生産システムである。このトヨタ生産システムでは「ムダ」を極端にといってよいくらい嫌う。ここでのムダとは，一般的にいわれるような「空費すること」「浪費すること」「消耗すること」といった意味ではない。「付加価値を付けない」「せずに済ませることができる，あるいはなくて済ませることができる」作業やモノはすべてムダなのである[18]。

　トヨタ生産システムでは，「（装置，機械の）自働化」と「ジャスト・イン・タイム」を基礎概念として，かんばん方式や多能工化，小ロット生産，段取り時間短縮など，さまざまな手法（手段）を使い，このムダを排除し，原価の低減（生産性の向上）が図られる。

　自働化（装置，機械の）は，戦前期，トヨタ自動車工業が設立される以前の豊田自動織機製作所の織機工場における自動織機の部品生産工程ですでにみる

第Ⅲ部　情報・技術と国際化

ことができる。また，ジャスト・イン・タイムというアイデアも戦前のトヨタ自動車工業の工場で豊田喜一郎（豊田佐吉の長男。元トヨタ自動車工業社長）がそのアイデアを出していた。

これが，戦後，トヨタ自動車工業（後にトヨタ自動車）で発展し，1970年頃に一応の完成をみ，やがて第1次エネルギー危機後，トヨタ自動車グループ企業はもちろん部品企業やその他幅広く諸産業企業に広まっていった。80年代後半に，MIT（マサチューセッツ工科大学）の研究者たちを中心としたIMVP（国際自動車研究プログラム）によってトヨタ生産システムは注目，研究された。米国企業が日本企業の競争力を研究したことがその背景にある[19]。

その研究成果である『世界を変えた機械』[20]が出された。そこでは，トヨタ生産システムという用語も日本的生産システムという用語もみられず，「リーン生産システム」という用語が用いられた。「リーン」とは「細身の」「筋肉質の」「脂身のない」「燃料を食わない」という意味である。

2　価値の川

このIMVPの中心的な研究者だったウォマック（J.P.Womack）とジョーンズ（D.T.Jones）は，次なる研究として（筆者がみるところ「ポスト・リーン生産システム論」を構築しようとして），1994年に「リーン生産からリーン企業へ」という論文を発表した。ここでリーン企業とは個別のいわゆる形式的，法的意味での1企業ではなく，開発・部品生産，組立て，販売，メンテナンス（保守）までを行う，1つの流れをなす全体（バーチャル企業）を1企業とみたものである[21]。

さらに，これに肉付けして，彼らは『リーン思考』を世に問うた[22]。リーン思考原理によって，上でみたような意味でのムダを極力削減しあるいは可能ならばムダを価値に転換させようというのがそこでみられる立論である。さらにいえば，資材から完成品の納入まで，必要なステップを連続して並べ，生産量に応じた流れ，すなわち大きな「価値の川」（value stream）や小さな「価値の

川」を作る。そのなかをムダや中断、バッチ、待ち行列がないように、すなわちよどみのない流れ、スムーズな流れを作り上げる。「価値の流れ」（value flow）を作り上げる。手段としてはジャスト・イン・タイムなどが用いられる。最終的に最もよどみのない生産は「1個流し」である。「ポスト・リーン生産システム」と筆者（川上）がみる意義もここにある。

ウォマック＝ジョーンズにおいては、サプライチェーンという用語は用いられてはいない。バーチャル企業としての「リーン企業」内での生産、流通システム、顧客サービスが捉えられている。とはいえ、そこには明らかにSCMの基本的視点が横たわっているのである。

5 SCMの機能的要素

このように、SCMという考え方は、リーン生産システム論ひいては日本的生産システム論の延長線上にあると理解できるであろう。先にみたように、日本的生産システムでは、「ムダ」を嫌う。SCMにおいてもしかりである。ただし、これを個別企業がそれぞれ行うのではなく、チェーン全体の視点から行おうとするところにSCMの特徴がある。

SCMにおける重要な機能的要素は、①ボトルネック（制約条件）、②スループット[23]、③生産・流通の同期化である。

さて、サプライチェーンの強度は最も強いリングで決定されるのではない。各リングの強度を加算してそのチェーンの強度が決定されるのでもない。最も弱いリングの強度がそのサプライチェーンの強度となる。したがって、サプライチェーンにおけるスループットは最も弱いボトルネックすなわちリングによって決定される。注目すべきは最も強いリングをみつけることではなく、逆に最も弱いリングをみつけることである。

つまり、そのボトルネックとなっている条件＝制約条件は何かを摑むことが重要となる。サプライチェーン内の制約条件を見出し、その制約を取り除くこ

とが生産性向上に極めて有効であるというのが制約条件の理論（TOC：Theory of Constraint）である[24]。そこ（あるリング）を起点として同期化（synchronization）を図ることができれば，リード・タイムがいっそう短縮化され，適当なスループットを得ることができる。

いわゆる大量生産システム（フォード的生産システム）では，万が一の事態に備えて，生産工程の各所にバッファーとして在庫をおいた「押し込み方式」（プッシュ生産システム）の採用が特徴となっている。これに対して，日本的生産システムにおいては，逆転の発想といわれる「引取り方式」（プル生産システム）を採用していることが特徴となっている。

SCMの視点からは，サプライチェーン内での生産・流通の同期化によって在庫が最小化され，リード・タイムが短くなって，その結果，適当なスループットを得ることができる。その生産・流通の同期化を図るためには，例えば各部品生産を同時併行的に管理することが重要となる。サプライチェーン全体を同時併行的に管理するコンカレント・マネジメントが緊要となる。

仮に1個流し生産が実現できれば，その場合バッチ・サイズは最小となる。完全な連続生産が実現でき，完成品の出荷速度にあらゆる工程が同期化される。製品在庫も，滞留する仕掛品在庫もなくなる。現実にはともかくとして，そうなれば，完成したSCMの姿を描けないこともない。

むすび

サプライチェーンという考え方で誰もが強調するのは，そのサプライチェーンのリング（連鎖企業）のパートナーシップ（協調・協力関係）である。つまりは，「連鎖企業の相互利益を実現・具体化する」「顧客の要求に対応する」「顧客の満足度を向上させる」という目的のために連鎖企業がその対立関係を協調関係に変え，ともに協力し合うということである。情報共有化のもと各連鎖企業の収益性向上を図ろうというのである。だが，そこに疑問がないわけではな

第12章　サプライチェーン・マネジメント（ＳＣＭ）

い。サプライチェーン内の連鎖企業のなかには支配的企業もあれば非支配的企業もある。その点では，ＳＣＭは，非支配的企業の上に成り立つ特殊なアプローチとみてよいのかもしれない。加えて，すべての企業がサプライチェーンを構築し，運用コストを上回る収益を必ずあげることができるというわけでもあるまい。

　本章では，生産システム内でのエレメント（各企業や開発・生産拠点など）を連鎖（チェーン）とみ，経営管理するというＳＣＭを経営・生産システムの国際的な相互浸透の段階の１現象として考察した。つまり，日本的生産システムが米国に移転し，そこで新しく概念化・システム化し直され，生まれたのがＳＣＭである。そのＳＣＭが今度は日本にいわば逆輸入され，各企業が導入しつつある。

　ＳＣＭはもはや一過性の現象とは考えられない。今後国境を越えた（グローバルな），さまざまなサプライチェーンが生まれるであろう。また，サプライチェーン間の競争やサプライチェーンによる製品差別化がすでに展開されているのかもしれない。今後，検討すべき課題である。

　ところで，ＳＣＭのほかに生産システム内では新しい現象がみられるようになっている。例えば，電子機器企業の間では新しいアウトソーシング企業（アウトソーサー）であるＥＭＳ（電子機器の製造受託サービス）企業に製造は担当させ，自社は開発やマーケティングなどに特化しようという動きがある。海外ＥＭＳ企業の国内進出もみられ始めている。アジアでもＥＭＳ企業の成長は著しい。

　これとは別に，自動車産業では複数の完成車企業が大幅なコスト・ダウンを図るべく，プラットフォーム（車台）の共通化を進め，各企業ごとのプラットフォーム数は減らしながら，逆に，プラットフォーム当たりの車種数は増やしつつある。また，完成車を10くらいの部品に分割し，これを主要な部品企業であるシステム・インテグレーターに担当させるというモジュール生産方式が採用されつつある。このモジュール生産方式は，まず欧州自動車企業が，ついで米国企業が採用するようになったが，わが国企業でも導入しつつある。部品企業もその体制を整えつつある。

第Ⅲ部　情報・技術と国際化

こうした動きは次章（第13章）で検討される大競争時代に生き残りをかけたまさに今日の企業の行動の特徴である。

（注）
1) 電子データ交換。受発注，見積りなど，商取引にかかわる情報をデジタル化し，コンピュータ・ネットワークによって，やり取りするシステム。
2) 梶田ひかる「サプライチェーン・マネジメントの系譜と望まれる対応」『流通科学』第24号，2000年，3ページ。
3) 大久保正治「サプライチェーン・マネジメントの現状と課題」『流通科学』第24号，2000年，21～23ページ。
4) 小林勇治『日本型ECR・QRの具体策と成功事例』経営情報出版社，1998年，15ページ。
5) 大久保正治，前掲書，23～24ページ。
6) 福島美明『サプライチェーン経営革命』日本経済新聞社，1998年，114ページ。
7) 川上義明『生産システムの国際移転』税務経理協会，2000年，第5章を参照。
8) Handfield, R.B. and E.L.Nichols, Jr., *Introduction to Supply Chain Management*, New Jersey, Prentice Hall, 1998, p.2.（新日本製鐵EI事業部訳『サプライチェーンマネジメント概論』ピアソン・エデュケーション，1999年，2ページ）
9) Christopher, M., *Logistics and Supply Chain Management*, London, Pitman Publishing, 1998, p.19.
10) 今岡善次郎『サプライチェーンマネジメント』工業調査会，1998年，146ページ。
11) Christopher, M., *op.cit.*, p.18.
12) 同期ERP研究所『ERP／サプライチェーン成功の秘訣』工業調査会，1998年，193ページ。
13) Handfield, R.B. and E.L.Nichols, Jr., *op.cit.*, p.2.『邦訳書』2ページ。
14) サプライ・チェーンの統合的運営を最も効率化するための手段として，SCMソフトウェアが注目を集めている。日本へも続々とSCMソフトウェアのベンダーが進出している──同期ERP研究所，前掲書，219ページ。SCMソフトウェアは計画の分野に特化したソフトウェアで，主に需要予測や生産・物流の大枠の計画と納期回答，詳細な生産計画やスケジューリング，輸送・配送計画といった4つの機能をもっている。
15) すでに，1998年時点で，米国企業では，コンパック，ゼロックス，ＩＢＭ，自動車企業が，日本企業ではアサヒビール，ダイエー，東芝，日立製作所，富士通，松下電工などがサプライ・チェーンを構築ないしは構築中であった──松井一郎「サ

第12章 サプライチェーン・マネジメント(SCM)

プライチェーン成功への道」『日経コンピュータ』1998年8月31日号，123ページおよびその他の資料による。
16) James Glasse, *Supply Chain Management in China*, London, Informa Publishing Group Ltd., 1999.
17) 福島美明，前掲書，19～20ページ。
18) 大野耐一『トヨタ生産方式』ダイヤモンド社，1978年，36～37ページ。
19) 具体的には，以下を参照。稲垣公夫『アメリカ生産革命』日本能率協会マネジメントセンター，1998年。
20) Womack, J.P., D.T.Jones, and D.Roos, *The Machine that Changed the World*, New York, Rawson Associates, 1990. 沢田 博訳『リーン生産方式が，世界の自動車産業をこう変える』経済界，1990年。
21) Womack, James C. and D.T.Jones, From Lean Production to the Lean Enterprises, in *Harvard Business Review*, March-April, 1994.（田村明比古訳「リーン生産企業体が価値連鎖を完成させる」『ダイヤモンド・ハーバード・ビジネス』1994年6-7月号）
22) Womack, James C. and D.T.Jones, *Lean Thinking : Banish Waste and Create Wealth in your Corporation*, New York, Simon & Schuster, 1996.（稲垣公夫訳『ムダなし企業への挑戦』日経BP社，1997年）
23) スループットとはもともと，原料の処理量や生産高，コンピュータの処理量を意味する。サプライ・チェーン内での処理の速さと理解する研究者もいるが，ここでは，サプライ・チェーンのなかへ原材料が投入され，製品に転換され，在庫され，顧客に納品される量と理解する。
24) 制約条件の理論（TOC）については，以下を参照。圓川隆夫「制約条件の理論が可能にするサプライチェーンの全体最適」ダイヤモンド・ハーバード・ビジネス編集部『サプライチェーン』ダイヤモンド社，1998年，所収，47ページ。

第13章
大競争時代の自動車企業経営

1 はじめに

　自動車産業は自動車組み立て会社だけでなく，部品会社，資材会社などいわゆるサポーティングインダストリーをはじめ，販売・整備部門，ガソリンスタンド，自動車保険，自動車教習所などの関連部門，貨物輸送・旅客輸送，駐車場業，道路関連のサービス業，レンタカー，道路建設・補修などに従事している人を含めるとわが国の全就業人口6,480万人のうち11.2%の726万人にのぼると推計されている[1]。その意味で日本における自動車産業の重要性がわかるが，これは日本に限ったことではない。欧米先進国においても自動車産業はその雇用が重要視され，自国の自動車産業保護のためにさまざまな貿易上の制限を課してきた。また，発展途上国もその多くの国が自動車産業は工業化のための戦略的な産業と位置づけている。自動車の輸入に関税を課していない国は日本だけであるというのが現状である。

　このように，どの国にとっても重要な自動車産業ではあるが，現在は大きな転換点にあるといってよい。すなわち，グローバル化によって国際競争が激しくなり，さらに環境問題やインターネット等の情報化への対応など自動車産業を取り巻く競争条件が大きく変化してきている。こうした状況を背景にして，各国の自動車産業は生き残りをかけた世界的規模の競争を始めている。まさに大競争時代である。その競争に打ち勝ち，生き残るために，ここ数年各企業は合併や買収，企業間提携を行っているのである。

　この章では，以上のような点に焦点を合わせ，自動車産業のこれまでの発展

第Ⅲ部　情報・技術と国際化

の状況を簡単に述べ，合併や買収，企業間提携の現状を紹介し，そうした企業行動をなぜとらなければならないのかについて，環境問題と情報化の問題を中心に述べる。

2　日本の自動車会社の発展と現状

　日本の自動車会社の生産台数は図表13-1にみられるように1990年まで急成長した。60年にはわずか48万台足らずの生産しか行われていなかったが，高度成長期に生産台数は急激に伸びていった。60年代は60年の48万台から69年の467万台へと10倍近く生産台数が伸びた。70年代も74年と75年において対前年

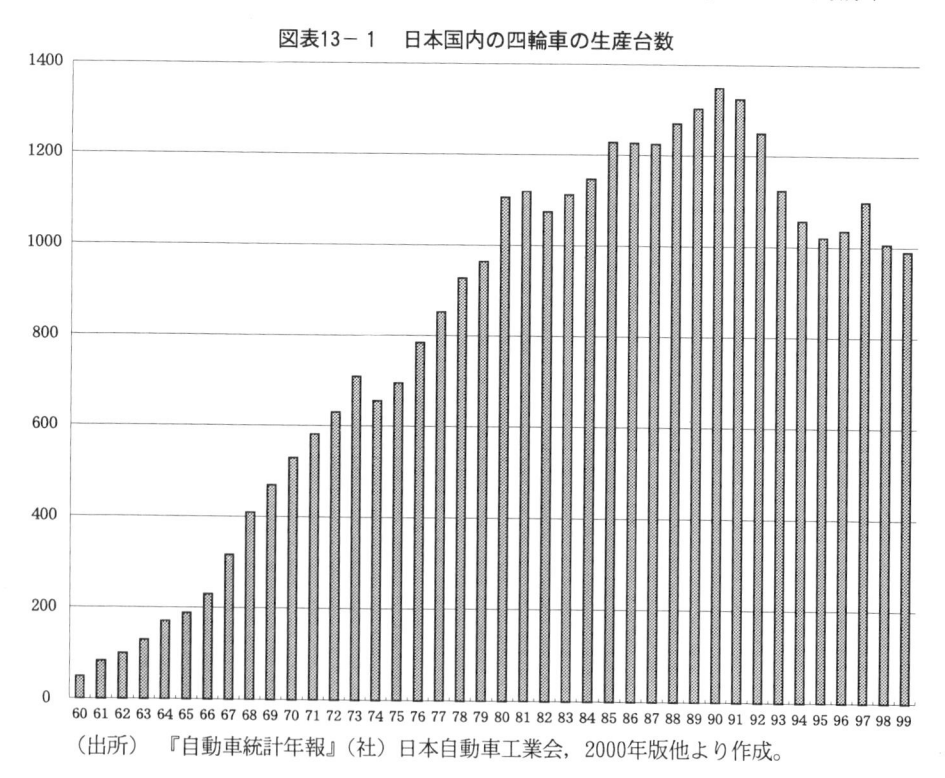

図表13-1　日本国内の四輪車の生産台数

（出所）　『自動車統計年報』（社）日本自動車工業会，2000年版他より作成。

第13章 大競争時代の自動車企業経営

比でマイナスになったが，70年の529万台から79年の964万台へと2倍近くになった。そして80年には1,104万台とはじめて1千万台を超えた。しかし，バブル崩壊とともに減少に転じ，ピーク時である90年の約1,349万台から99年の約990万台に実に350万台と27％も減少している。対前年比の減少は90年までは74年，75年，82年，83年の4年間であるが，どちらも生産台数の減少は2年間のみであり，その後は伸びていた。しかし，90年代は一時的に対前年比でプラスにはなるが，90年のピークにはまったくおよばないというのが現状である[2]。

それでは，なぜこのようになったのであろうか。バブル崩壊後の10年間の不況は自動車会社に限らないが，その理由として次の2点がある。

第1に，他の産業と同じように販売不振になった。ピーク時の1990年は国内販売台数が778万台であったのに対し，99年は586万台と192万台も減少している。これは，99年度（99年4月～2000年3月まで）でみれば，国内生産台数第2位の日産の生産台数134万台と富士重工の生産台数48万台を合計した台数よりも多い。つまり99年度の日産と富士重工の生産台数分以上の国内販売台数が減少したということになる[3]。バブルのときに過剰に車が売れたということではあるが，国内市場は今後大きな成長は期待できず成熟化したといえよう。

第2に，図表13－2にみられるように日本の自動車会社による海外現地生産が増大し，輸出が減少しているということが影響している。1980年代までは，国内の販売不振を輸出によって補っていたが，輸出が少しずつ減少し円高となった94年には輸出台数と海外生産台数が逆転するという新たな段階に入ったのである。90年の輸出台数583万台と98年の輸出453万台との差は130万台となる。これは，99年度の日産の国内生産台数134万台に匹敵する。その一方で海外生産は98年には減少しているが，一貫して伸びてきた。90年の351万台から98年の587万台へと236万台も伸びている。99年度国内生産台数第3位の本田技研工業が121万台，第4位の三菱自動車が100万台であることをみれば，海外生産台数の多さがよくわかる。

海外生産については，本格化するのは日米自動車貿易摩擦によって対米輸出が政治問題化し，実際に対米輸出自主規制という形で決着した1980年代になっ

第Ⅲ部　情報・技術と国際化

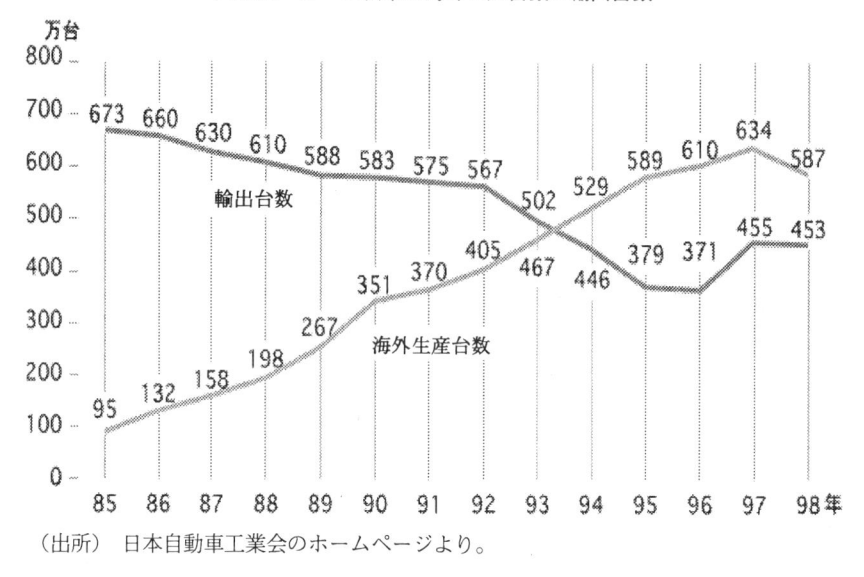

図表13－2　四輪車の海外生産台数と輸出台数

輸出台数: 85年 673, 86年 660, 87年 630, 88年 610, 89年 588, 90年 583, 91年 575, 92年 567, 93年 502, 94年 529, 95年 589, 96年 610, 97年 634, 98年 587

海外生産台数: 85年 95, 86年 132, 87年 158, 88年 198, 89年 267, 90年 351, 91年 370, 92年 405, 93年 467, 94年 446, 95年 379, 96年 371, 97年 455, 98年 453

（出所）　日本自動車工業会のホームページより。

てからである。まず本田が82年からアコードの生産を開始し，日産が83年にセントラ（日本ではサニー）の生産を開始した。これに対し，トヨタはまず，84年にGMとの合弁でカローラの生産を開始し，トヨタ単独で生産を開始したのは88年になってからであり，87年に生産を開始したマツダよりもあとであった（ただし，マツダはその後フォードとの合弁となる）。88年には三菱，89年には富士重工といすゞが合弁で生産を開始した。また，カナダでもトヨタ，本田，スズキが生産を開始し，ヨーロッパではイギリスで日産，本田，トヨタ，スペインで日産，オランダで三菱，ハンガリーでスズキ，フランスでトヨタが生産を開始した[4]。

　以上2つの点，すなわち国内販売の大幅な減少と海外生産の増大と対照的な輸出の減少によって，1990年から99年までで350万台もの国内生産の減少が説明できる。これが，操業度低下による固定費の増大をもたらし，多くの自動車会社で大幅な赤字を生み出していくことになる。そして，工場閉鎖，大幅な人員削減などの合理化政策が実施されているのが現状である。

第13章　大競争時代の自動車企業経営

自動車産業の世界的な再編成

　前節で述べたように，1990年代において日本の自動車会社は変革の時代を迎えたのであるが，すべての会社が同じではなかった。むしろ90年代を通して勝ち組と負け組とがはっきりとしたのである。その結果，日本の自動車産業にはかつてなかった規模での再編が進んでいる。国内外の自動車会社との資本提携である。さらに，日本だけでなく世界的レベルでも自動車会社の再編成がここ数年の間に行われてきた。この節では，大きく自動車産業の状況を変えた世界的な再編成を整理する。

　図表13－3にみられるように最近の世界の自動車会社間の提携や合併はまさに大変革の時代であることがわかる。特に1998年5月のダイムラー・ベンツとクライスラーの合併は，その後の世界の自動車会社の提携・買収を加速したといえる。そうした状況を主要な会社ごとにみていく。

　世界最大の自動車会社GMは，日本において1971年よりいすゞと資本提携（34.2％の出資）したが，その後85年10月に提携を拡大し出資比率を38.6％に拡大し，98年12月に49％にまで出資比率を拡大することを発表した。スズキとも81年から業務提携し3.3％の出資をしていたが，98年9月10％に引き上げ，さらに2000年9月20％への引き上げを発表した。富士重工に対しては，99年12月資本提携で合意し20％出資した。いすゞのディーゼルエンジンの技術，スズキの軽自動車を中心とする小型車の技術，富士重工の四輪駆動（4WD），CVT（無段変速機）と3社とも競争力のある技術を持っていることが提携へとつながった。さらに，イタリアのフィアットと2000年3月に提携し，やはり20％の出資をした。GMはこれらの提携により，アジア，ヨーロッパ，アメリカでの影響力を拡大することになった。

　フォードは，日本においてはマツダとの提携を拡大してきた。1979年に資本提携（25％の出資）をし，96年3月，出資比率を33.4％に拡大した。同年6月よりウォーレス社長をマツダに派遣し，その後フォードより社長が3代続いて

図表13-3　最近の自動車会社間の提携および合併

年・月	内容
1995. 9	トヨタ，ダイハツ株33％取得
1996. 3	フォード，マツダへの出資比率を33.4％に拡大
1998. 5	独ダイムラー・ベンツと米クライスラーが合併 VW，ロールス・ロイスを買収
1998. 9	トヨタ，ダイハツ株過半数取得（51.2％）　子会社化
1998. 9	GM，スズキへの出資比率を3.3％から10％に引き上げ発表
1998.12	GM，いすゞへの出資比率を37.5％から49％に引き上げ発表
1999. 1	フォード，ボルボの乗用車部門買収を発表
1999. 3	ルノー，日産・日産ディーゼルと資本提携で合意
1999.10	三菱自動車，ボルボと資本提携で合意
1999.12	GM，富士重工と資本提携で合意 富士重工，スズキが資本提携で合意
2000. 1	GM，サーブを100％子会社に
2000. 3	トヨタ，ヤマハ発動機が資本提携で合意 トヨタ，日野への出資比率33.8％へ引き上げ発表 フォード，BMWから英ランドローバー買収で合意 GM，フィアットと資本提携で合意 三菱自動車，ダイムラークライスラーと資本提携で合意 VW，スカニアの経営権取得で合意
2000. 4	ルノー，韓国・サムスン自動車買収で合意 ルノー，ボルボとトラック事業統合で合意
2000. 5	BMW，ローバーのセダン部門を英投資家グループに売却
2000. 6	ダイムラークライスラー，韓国・現代自動車との資本提携発表
2000. 9	GM，スズキへの出資比率20％に引き上げ発表
2001. 4	三菱自動車，ボルボと提携解消を発表 トヨタ，日野自動車株過半数取得（50.1％）子会社化

（出所）　㈳日本自動車工業会『2000年版　日本の自動車工業』㈳日本自動車工業会，2000年，57〜59ページおよび日本経済新聞，各社のホームページを参考に作成．

いる。ヨーロッパにおいては，イギリスのアストン・マーティン，ジャガーを傘下におき，さらに99年1月にスウェーデンのボルボの乗用車部門を買収し，2000年3月にBMWよりランドローバー部門を買収した。

クライスラーは，1979年にヨーロッパの子会社をプジョー・シトロエンに売却し，ヨーロッパ市場から撤退し，三菱自動車とも提携を解消するなど，米国内に特化してきたが，98年5月ダイムラー・ベンツと合併した。しかし，ダイムラークライスラーとなってからは旧ダイムラー・ベンツが主体となっている。アジアへの対応として当初日産との提携交渉をしていたが失敗に終わり，2000年3月に三菱自動車と資本提携（34％出資）をした。また，同年6月には韓国の現代自動車に10％出資することになった。

フォルクスワーゲン（VW）は，ロールス・ロイスやスウェーデンのトラック会社であるスカニアの経営権を取得したが，主にヨーロッパでの動きが中心である。しかし，中国においては第一汽車と上海汽車でいち早く現地生産を開始し中国市場で大きなシェアを獲得している。

トヨタ自動車は，1998年9月ダイハツの株を51.2％と過半数を所有し子会社化した。また，2000年3月にヤマハ発動機と資本提携を発表し，日野自動車への出資比率を33.8％に引き上げた。GM，VW，フォードなどと提携関係を築いているが資本提携でなく技術や生産での提携にとどまっている。

日産自動車は，1999年3月にフランスのルノーと資本提携をした。巨額の赤字と一時は1兆4,000億円に達した有利子負債により危機的状況を迎えたが，ルノーから35.8％の資本参加を受けた。またルノーは，日産ディーゼルの株22.5％を取得した。さらにルノーは2000年4月，韓国のサムスン自動車を買収し，ボルボと資本提携をした。

以上のように，最近の自動車会社間の提携や合併は，驚くべきスピードで展開してきた。この結果，日本の自動車会社は，トヨタ・ダイハツ・日野のトヨタグループ，ルノー・日産・日産ディーゼルのグループ，GM・いすゞ・スズキ・富士重工のグループ，フォード・マツダのグループ，ダイムラークライスラー・三菱自動車のグループ，独立を保つ本田技研工業の6グループとなった。

第Ⅲ部　情報・技術と国際化

世界をみてもさらに，VWグループ，BMW，プジョー・シトロエンを加えれば世界の自動車グループはほぼ含まれることになる。

　それでは，なぜ近年このような世界的な再編が行われてきたのであろうか。その理由として，自動車産業を取り巻く外部環境が大きく変化していることがある。すなわち，自動車の環境問題とIT（情報技術）をどのように自動車産業に利用するかという問題である。これらの対応すべき問題はいずれも膨大な研究開発費がかかるため，生産規模の小さい自動車会社にとってはその資金負担に耐えられない。したがって，合併や提携によって共同でこれらの問題に対応しようとしたのである。詳しくは，次の第4節で検討する。

4　自動車会社の新たなる課題－環境問題およびＩＴ－

　自動車産業のあり方に革命的な変化をもたらす要因が次第に明らかになってきた。それは，大きく分けて環境問題とITという2つの要因である。

　前者の環境問題は，地球温暖化の原因とされる二酸化炭素の排出削減を目指して，自動車の燃費基準を大幅に引き上げる必要性が叫ばれていることによる。1997年12月の地球温暖化防止京都会議において二酸化炭素総排出量の削減目標が決定されたことから，自動車産業においても燃費向上がより具体性を持ち始めている。各自動車会社とも，短期的には現在のガソリンエンジンを改善した低燃費・低公害車の開発にしのぎを削り，中長期的には燃料電池自動車の開発により究極の低燃費・低公害車を目指さざるを得なくなっている。

　燃料電池自動車は，従来のガソリンエンジンを動力源とする自動車ではなく，水素と酸素をイオン結合させて電気を起こしモーターを回転させ，走行エネルギーを得る次世代自動車である。しかし，燃料電池の技術がまだ確立しておらず，各社とも研究開発を進めている。燃料となる水素の製造方式をみても，水素吸蔵合金，メタノールから取り出す方法，ガソリンから取り出す方法の3つが有力だが，いずれも一長一短がある[5]。このうちメタノールから燃料源とな

第13章　大競争時代の自動車企業経営

る水素を取り出す方式は，ダイムラークライスラー，フォード，カナダのバラード・パワー・システムズと1997年末に提携関係を結び共同開発している。これに対し，トヨタとGMは99年4月燃料電池車やハイブリッド（エンジン・モーター併用）車をはじめとする環境関連技術を共同で研究開発することで正式に合意した。具体的には，充電式の電気自動車，ハイブリッド車，燃料電池車の開発と，それに不可欠な駆動装置・電子制御装置の規格共通化，電池の改良，安全性の評価基準作りなどである[6]。燃料電池車をめぐっては，ダイムラークライスラー＝フォード連合とトヨタ＝GM連合が2大グループとなっている。

　また大手石油資本を巻き込んでの合従連衡も進行している。GMとアモコ，フォードとモービル，ダイムラークライスラーとロイヤル・ダッチ・シェル，トヨタとエクソンがそれぞれ提携している。これは，現在のガソリンを使ったエンジンで省エネ，低公害の開発を進めるため，自動車会社と石油資本の協力関係が必要なためである。

　次に，自動車産業においてITに関連した動きを述べる。ITといっても自動車産業に関連する動きは，自動車部品調達のインターネット取引，自動車のインターネット販売，ITS（Intelligent Transport Systems：高度道路交通システム）の3つが主なものである。

　自動車の開発においては，CAD-CAMによって車のデザイン，部品の設計が行われ，開発期間の短縮，開発コスト削減に大きく貢献してきた。設計データのデジタル化により，部品会社とのネットワーク化が進み，さらに世界最適調達という世界レベルでの競争に打ち勝つための従来の系列を越えての取引がさかんになると，インターネットを介しての取引がさかんになり始めた。当初は各社で独自のシステムを作っていたが，GM，フォード，ダイムラークライスラー，ルノー，日産自動車などが2000年に設立した自動車部品・素材の電子商取引市場「コビシント」が本格稼働した。ここでは，ネット上に自動車会社が必要な部品の仕様や数量，納期などを示すと，部品各社が入札形式で価格を提示，商談が成立した際には，配送を最適化したり，部品の共同開発ができた

りするような仕組みも備えている[7]。

　自動車の販売においてもインターネットの利用が進んできている。2000年1月にはGMとAOL（アメリカ・オンライン），フォードとヤフーとがそれぞれ新車のネット販売事業で提携した[8]。新車の在庫情報や最寄りのディーラーの紹介など自社のインターネット・サイトと同様の情報提供をする。日本企業は，日産自動車，三菱自動車は「カーポイント」，マツダは「カーポイント」と「オートバイテル」と提携しているのに対して，国内販売が順調なトヨタとホンダは自社主導のサービスを提供している。自社主導のサービスであれば，その企業の情報しか手に入らないが，「カーポイント」や「オートバイテル」などのインターネット仲介会社では各社の情報が手に入り，さらに自動車関連情報も得られるため，自動車会社側にとっては脅威となるだろう。ディーラー網が強力であるトヨタが脅威に感じており，販売力の弱い日産，マツダ，三菱自動車がネット販売会社と提携しているという点が興味深い。

　ネットの利用者が増えたことで，消費者の車の買い方や売り方が大きく変わってきている。米国では1999年の新車購入者の約4割が自動車購入前に価格情報などでインターネットを利用しているなど，自動車会社といえどもインターネットが重要な役割を果たすようになってきている。99年8月にGMは，グループ内の電子商取引事業を集約した新会社，e-GMを発足させた。インターネットを介して顧客と長期的に接点を持ち続け，消費者の利便性を高めていき，自動車関連ビジネスでも利益を生み出そうとしている。

　IT関連の動きの3番目としてITSがあるが，ITSはIntelligent Transportation Systemsの略であり，最先端のコンピュータ技術，エレクトロニクス技術，コミュニケーション技術を陸上交通輸送に適用し，その安全性と効率その他を大幅に改善・向上させようというシステムコンセプトである[9]。具体的には，高速道路の自動料金徴収システム（ETC），渋滞・事故，主要地点間の時間や駐車場などの広範囲な情報をカーナビ等に提供する道路交通情報通信システム（VICS），先進安全自動車（ASV），走行支援道路システム（AHS）などがある。2000年から2015年までのITSの市場規模は，ITSの情報通信サー

ビス約31兆円，車載機等の端末機器市場約19兆円，ITSの情報通信システム（インフラ関連）市場約11兆円の合計約60兆円と予測されており[10]，一大産業になるだろう。この市場を巡って，自動車会社と東芝，日立製作所などのエレクトロニクス会社や自動車部品会社などで提携がさかんに行われている。

5 むすび

　以上みてきたように，自動車に関連した開発はさまざまな分野が存在し，そのすべてに関与するためには膨大な資金が必要とされる。したがって，自動車会社各社は，他の企業の傘下に入るか提携をすることによって他社に遅れをとらないように必死に開発をすすめている。また，世界標準が決まってしまうとそれに従わなければならないため，独自性を出しながらもリスク回避のため他社との提携を行っている。しかも，燃料電池自動車にせよ，自動車関連のIT化にせよ，電気・電子・通信が本業であるエレクトロニクスメーカーが重要な役割を持つことになり，自動車は自動車会社だけでは作れなくなるであろう。部品のモジュール化が進み，今のガソリンエンジンが燃料電池に置き換わる時代になれば自動車会社の持つ優位性とは何であろうかという疑問が生じるかもしれない。そのようにならないために自動車会社は，世界的規模で合併，提携をここ数年行ってきたが，第2節でみたバブル崩壊後の国内販売低迷により多額の借金を抱えた会社は世界の大手自動車会社の傘下に入らざるを得なくなったのである。

（注）
1）　㈳日本自動車工業会『2000年版　日本の自動車工業』㈳日本自動車工業会，2000年，2ページ。
2）　世界で圧倒的な競争力を持っていた日本の自動車産業がなぜこのような状態になったのかについては，下川浩一『日米自動車産業攻防の行方』時事通信社，1997年，55～70ページを参照。

第Ⅲ部　情報・技術と国際化

3）　日刊自動車新聞社『自動車産業ハンドブック　2001年版』日刊自動車新聞社，2000年，156～157ページ。
4）　日本の自動車産業の海外進出については，橋本輝彦『国際化のなかの自動車産業』青木書店，1986年，が70年代からの輸出急増，日本車の国際競争力の要因などに詳しい。また，拙稿「日本自動車産業の多国籍化とME化・ソフト化」（野口　祐編著『ソフトウェアの経営管理』税務経理協会，1989年，315～337ページも参照。各会社の海外事業については，日刊自動車新聞社編『自動車産業ハンドブック　2001年版』日刊自動車新聞社，2000年，118～151ページに詳しい資料がある。
5）　『日本経済新聞』1999年10月7日。
6）　『日本経済新聞』1999年4月20日。
7）　『日経産業新聞』2001年6月1日。
8）　『日本経済新聞』2000年1月11日。
9）　㈳交通工学研究会編『ITS：インテリジェント交通システム』丸善，1997年，178ページ。
10）　日刊自動車新聞社，前掲書，485ページ。

索　引

あ
ITS ……191

い
ECR ……167, 168, 169, 170
EDI ……169
医療法人 ……126
因果の曖昧 ……66
インターネット ……140, 142, 143, 147, 149, 150, 152
インターネット取引 ……191
イントラネット ……148, 151

う
Webアプリケーション ……141

え
NC（数値制御）旋盤 ……81
NPO ……123
NPO法人 ……125
SCM ……167, 168, 170, 172, 173, 174, 175, 177, 178, 179
エレベーター ……83, 84

お
応用研究 ……111, 120

か
海外生産台数 ……185
会社支配 ……8
会社支配市場
　（Market for Corporate Control）……21
開発研究 ……111, 120
学習による学習 ……101
隔離メカニズム ……66
学校法人 ……125
株式の分散化傾向 ……18
株式保有の二極化構造
　（bipolar structure of stock ownership）…20
カルパール（CalPERS）……27
環境問題 ……190
関係性サービス ……78

き
QR ……167, 168, 169, 170
企画共同体 ……117, 118, 119, 120
機関投資家 ……19
企業の社会的責任 ……35
企業倫理 ……31, 38
企業倫理の制度化 ……33
技術移転 ……155
基礎研究 ……111, 120
旧制度派 ……51
協同組合 ……126
共同研究開発 ……107, 115, 116, 117, 120

く
グループウェア ……147, 148, 150

け
経営社会政策過程 ……40
経営者支配 ……19
経営戦略 ……35
ゲーム理論 ……54
研究共同体 ……117, 119, 120
建設利息 ……82

こ
高コスト構造 ……107
工作機械 ……79
行動による学習 ……101

195

コーポレートガバナンス
（corporate governance） ……3
顧客サービス…………………………77
顧客満足度……………………………77
顧客ロイヤルティ……………………77
コンピュータ…………………………85
コンプライアンス……………………34

さ

財産の論理……………………………11
財団法人……………………………125
再編成………………………………187
サプライチェーン………167, 170, 171, 172,
　　　　　　　　　　174, 177, 178, 179
産学官連携……………………115, 116, 117

し

シード・ネットワーク……………118, 120
市場型ガバナンス……………………21
持続的競争優位………………………66
自動車…………………………………88
自動車会社…………………………184
支配集中のメカニズム………………7
資本多数決……………………………8
資本提携……………………………187
社外取締役……………………………26
社会福祉法人………………………125
ジャスト・イン・タイム………175, 177
社団法人……………………………125
宗教法人……………………………125
私有財産………………………………4
出資と経営の分離……………………5
純粋に中立なるテクノクラシー……11
消極的財産（passive property） ……12
昇降機…………………………………83
情報技術……………………167, 168, 169
新制度派………………………………51

す

ステークホルダー……………………25
スループット…………………………177

せ

制度的補完性…………………………51
製品支援サービス……………………78
制約条件の理論……………………178
積極的財産（active property） ……12
積極的資産……………………………13

そ

創発的ネットワーク………………118
組織慣性………………………………93
組織ルーティン………………………94
ソリューション………………………90

た

WWW……………………………141, 143, 150
大企業病………………………………96
退出（EXIT）…………………………19
ダイナミック・ケイパビリティー……70
探索共同体……………………117, 118, 120

て

提携・買収…………………………187
ディマンド・チェーン……………167
データベース・サーバ……………145, 147
伝統的財産……………………………5

と

独創的高機能材料創製技術………117
独創的高機能材料創製技術
　プロジェクト……………………121
特定非営利活動法人………………125
トヨタ生産システム………………175, 176
取引費用………………………………52

索　引

な

ナショナル・イノベーション・システム
　……………………………………116, 121
ナッシュ均衡……………………………55

に

日産リバイバルプラン
　（Nissan Revival Plan）…………57
日本的生産システム ……175, 176, 177, 178

ね

NEDO ……………………………118, 121
燃料電池自動車………………………190

の

Non-Profit Organization……………123

は

パーソナル・データベース・ソフト …140
ハウスメーカー…………………………87
発言（VOICE）………………………19
バリュー・チェーン…………………167
販売後のサービス（アフターサービス）…78
販売前のサービス（ビフォアサービス）…78

ひ

比較企業統治システム…………………58
比較制度分析（CIA）…………………58
表計算ソフト ………………………140, 143

ふ

プレゼンテーション・ソフト …………143
プレハブ住宅……………………………87
プロトタイプ製品……………………107

め

メール ……………………………144, 149

も

モニタリング・コスト…………………23

ゆ

油圧ショベル……………………………83
有機的組織………………………………14
輸出台数………………………………185
ゆでガエル現象…………………………95
輸入車…………………………………89

り

リーン生産システム …………175, 176, 177
利潤の論理………………………………11
リレーションシップ投資………………27
倫理綱領…………………………………33

れ

歴史経路依存性…………………………51
レント……………………………………68

わ

ワードプロセッサ……………………140

197

執筆者紹介 （執筆順）

川上 義明 （カワカミ ヨシアキ）	福岡大学 商学部 教授		まえがき，第8章，第12章
瀬川 新一 （セガワ シンイチ）	名城大学 経営学部 准教授		第1章
石嶋 芳臣 （イシジマ ヨシオミ）	北海学園大学 経営学部 准教授		第2章
鈴木 由紀子 （スズキ ユキコ）	日本大学 商学部 専任講師		第3章
谷口 和弘 （タニグチ カズヒロ）	慶應義塾大学 商学部 准教授		第4章
亀倉 正彦 （カメクラ マサヒコ）	名古屋商科大学 経営学部 准教授		第5章
田淵 泰男 （タブチ ヤスオ）	国士舘大学 政経学部 教授		第6章
木原 仁 （キハラ ジン）	東海学園大学 経営学部 准教授		第7章
金 甲秀 （キン カプス）	韓国・科学技術政策研究院 研究開発政策研究部 部長		第8章
鷹野 宏行 （タカノ ヒロユキ）	大原大学院大学 会計研究科 准教授		第9章
安田 晶彦 （ヤスダ アキヒコ）	岐阜経済大学 経営学部 准教授		第10章
古井 仁 （フルイ ヒトシ）	亜細亜大学 国際関係学部 准教授		第11章
米田 邦彦 （ヨネダ クニヒコ）	広島修道大学 商学部 教授		第13章

現代企業経営のダイナミズム

平成14年4月25日	初版第1刷発行	著者との契約により検印省略
平成15年4月25日	初版第2刷発行	
平成17年4月25日	初版第3刷発行	
平成18年4月25日	初版第4刷発行	
平成18年9月25日	初版第5刷発行	
平成20年4月25日	初版第6刷発行	

著　者　　現代企業経営研究会

編集代表　　川　上　義　明

発行者　　大　坪　嘉　春

印刷所　　税経印刷株式会社

製本所　　株式会社　三森製本所

発行所　　〒161-0033 東京都新宿区下落合2丁目5番13号　　株式会社 税務経理協会

振替　00190-2-187408　　電話(03)3953-3301(編集部)
FAX(03)3565-3391　　　　　(03)3953-3325(営業部)
URL http://www.zeikei.co.jp/

乱丁・落丁の場合は，お取り替えいたします。

Ⓒ 現代企業経営研究会　2002　　　　　　Printed in Japan

本書の内容の一部又は全部を無断で複写複製(コピー)することは，法律で認められた場合を除き，著者及び出版社の権利侵害となりますので，コピーの必要がある場合は，あらかじめ当社あて許諾を求めてください。

ISBN4-419-03965-5　C1034